Em Memória de
Helena P. Blavatsky

Por alguns de seus estudantes

Em Memória
de Helena P. Blavatsky

Por alguns de seus estudantes

Tradução de Mário R. Fonseca

EDITORA
TEOSÓFICA

The Theosophical Publishing House, Adyar, Chennai, Índia
Theosophical Publishing Society, 7, Duke Street, Adelphi, W.C., Londres, UK
The Path Office, 132, Nassau Street, Nova Iorque, EUA

EDITORA TEOSÓFICA
SIG Quadra 6, Nº 1235
70.610-460 — Brasília-DF — Brasil
Tel.: (61) 3322.7843
E-mail: editorateosofica@editorateosofica.com.br
Site: www.editorateosofica.com.br

Dados internacionais para Catalogação na Publicação (CIP)

E53e H.P.B. - Em memória de Helena Petrovna Blavatsky: por alguns de seus estudantes / Laura C. Cooper et al.; Tradução de Mário R. Fonseca - Brasília: Editora Teosófica, 2021.
232p.;

Título Original: H.P.B.: in memory of Helena Petrovna Blavatsky

ISBN 978-65-88797-55-6

1. Biografia. I. Fonseca, Mário R. II. Título..

CDU 929

(Mayara Cristóvão da Silva / CRB 2812 / Brasília, DF,Brasil)

Revisão: Julieta Botafogo Lamarão
Revisão técnica: Fernando Mansur e Valéria Marques de Oliveira
Capa: Ana Paula Ciccelero
Diagramação: Leandro Collares

Agradecemos ao "Projeto Pioneiros" que gentilmente cedeu à Editora Teosófica os direitos autorais da tradução e da publicação deste livro.

Sumário

Prefácio da Edição Brasileira

Este livro se propõe a apresentar o relato de estudantes de H. P. Blavatsky, que a tiveram como amiga e instrutora.

A tarefa foi empreendida imediatamente após sua morte, em 8 de maio de 1891.

O primeiro depoimento é de um teósofo da atualidade. O segundo depoimento narra os últimos dias de H. P. B., numa descrição emocionada de Laura Cooper. Os demais depoimentos trazem relatos de teósofos contemporâneos a H.P.B.

Todos os relatos enriquecem e ampliam a visão que possamos ter da fundadora do Moderno Movimento Teosófico. Cada aluno apresenta uma perspectiva nova e bem pessoal de seu convívio com ela — que todos são unânimes em considerar como um presente do *karma*.

Neste novo ciclo pelo qual passa a humanidade, com os escritos de Blavatsky ampliando sua proeminência no mundo, o leitor brasileiro e português terá a oportunidade rara de imaginar-se ao lado, ou junto, dos vinte e sete depoentes, podendo sentir todo seu amor, gratidão e entusiasmo.

Além dos tocantes depoimentos, redigidos em 1891, esta edição brasileira conta com o inspirado capítulo do irmão holandês Barend Voorham, cuja abordagem é suficiente para ajudar a desvendar, em grande medida, o enigma chamado HELENA PETROVNA BLAVATSKY, a mensageira de uma nova era.

Que estas páginas, enlaçadas com fios dos mais puros sentimentos, toquem nossos corações e nos inspirem a prosseguir com os sonhos da "Velha Senhora".

Fernando Mansur
Membro da Sociedade Teosófica

1

H. P. Blavatsky (Upasika[1])
Levantando uma ponta do véu

Helena Petrovna Blavatsky foi, sem dúvida, a mulher mais marcante do século XIX. Como qualquer ser humano grandioso e pioneiro, ela evocou reações de muitos tipos. Havia aqueles que a difamavam, aqueles que a chamavam de impostora, e havia ainda os que conheciam melhor e falavam dela com admiração e amor.

O que a tornou tão especial? Foram os fenômenos ocultos que ela causou? Foi o conhecimento insondável de religiões, filosofias de todos os cantos do mundo e de todos os tempos? Foram os olhos azuis dela que olhavam através de você, como muitos que a conheciam falavam?

Este livro contém os testemunhos de várias pessoas sobre a vida impressionante de H.P. Blavatsky ou H.P.B., como é frequentemente

1 *Upasika* — discípula. (Nota Ed. Bras.)

chamada, embora haja uma diferença entre H.P. Blavatsky e H.P.B. Como é possível que essas pessoas inteligentes e eruditas tenham falado com tanta admiração, com o mais profundo respeito e afeição sobre essa mulher russa?

A resposta a essa pergunta não é fácil de dar, porque Helena Blavatsky foi uma representante direta daquela organização mística que, em todos os ciclos de tempo e sob diferentes nomes, publicamente ou não, exerceu sua influência benéfica sobre a humanidade. O conhecimento sobre a Loja de Sabedoria e Compaixão, como a chamamos hoje, foi completamente perdido após o declínio do Império Romano e o colapso dos Mistérios no Ocidente. Helena Blavatsky teve a gigantesca tarefa de tornar este aprendizado conhecido novamente.

Jamais se adquire uma visão geral sobre H.P. Blavatsky, e muito menos sobre H.P.B., quando a estudamos como um fenômeno único, porque H.P.B. só pode ser entendida em uma perspectiva muito mais ampla, em uma perspectiva universal. Se não fizermos isso, é como tentar explicar a aparência de um único cogumelo que, depois de uma noite de chuva, aparece de repente em uma floresta ou um campo. Mas um cogumelo é apenas o fruto de uma grande rede subterrânea de fungos. Da mesma forma H.P.B. é um produto da Hierarquia Universal de Sabedoria, Compaixão e Paz. Sem essa Hierarquia, não há H.P.B.

A Hierarquia da Sabedoria forma o lado da Luz do Universo. A compaixão é a sua principal característica. Ela alcança o coração do Universo. Essa hierarquia é representada como uma árvore cujas raízes estão no céu. É chamada *Asvattha* na *Bhagavad-Gītā*. Deuses,

Dhyan-Chohans, todos os seres divinos conscientes e elevados são o caule e os ramos. Os Mestres, os instrutores de H. P. Blavatsky são partes dessa árvore aqui na Terra. Durante a longa história fomos ajudados, inspirados, ensinados por representantes dessa Hierarquia Universal.

Como foi ensinado em *A Doutrina Secreta*[2], obra-prima de Helena Blavatsky, os *Manasaputras* — os Filhos de Manas, filhos da Mente — ensombraram os veículos humanos há 18 milhões de anos. Quando chegou a hora certa, Eles acenderam em nós, como uma vela acendendo outra, nossa mente flamejante. Tornamo-nos seres conscientes de nós mesmos, despertados pelos deuses.

Esse ato foi, talvez, a primeira ajuda — pelo menos tanto quanto sabemos — vinda da Loja de Sabedoria e Compaixão; o primeiro encorajamento para continuar a nossa jornada evolutiva. Não pensem levianamente sobre isso. Ajudar-nos significou para esses seres divinos que Eles se tornaram ativos em regiões que estavam muito abaixo do seu estado normal de consciência.

Esta história é contada em muitos mitos. Prometeu, o titã grego que deu o fogo à humanidade — a mente abrasadora —, foi acorrentado por Zeus no monte Cáucaso. E a serpente do Gênesis — símbolo dos *Manasaputras* — foi "castigada" por dar à humanidade a capacidade de pensar. Suas pernas foram-lhe tiradas, então ela teve de rastejar no chão. Tudo isto é simbólico do fato que estes seres divinos desceram a um reino muito inferior para eles. Num outro nível, a vida de H.P. Blavatsky é exatamente um mesmo tipo de sacrifício.

2 BLAVATSKY, H. P. *A Doutrina Secreta, Vol. I a VI*. São Paulo: Editora Pensamento, 2020. (Nota Ed. Bras.)

Ela também se misturou com coisas das quais já tinha se libertado há muito tempo. Ela o fez por compaixão, para ajudar a humanidade.

A descida dos *Manasaputras* ocorreu durante a terceira Raça Raiz, há milhões de anos. Naquela época distante, todos tinham um conhecimento intuitivo. Havia um respeito natural para aqueles seres que sabem mais do que nós. E com a ajuda desses seres divinos e seus alunos diretos, as sociedades mais sublimes foram construídas.

Mas o homem desceu mais à matéria. O egoísmo, o desejo e a ganância se tornaram suas principais características. Os homens viviam nas suas personalidades. Eles viviam na ilusão de que estavam separados uns dos outros. A Sabedoria Divina era cada vez mais usada para fins egoístas. Chegou, então, o tempo em que o conhecimento tinha de ser velado. Os Mistérios foram instalados. Não era mais permitido a todos receberem os ensinamentos. Somente aqueles que provaram ser puros e altruístas tinham o direito de serem iniciados nessas escolas de sabedoria e compaixão.

Nos *Collected Writings*, Vol. XIV, no capítulo "*A origem dos Mistérios*",[3] H.P.B. dá abundantes evidências e muitas citações de todos os sábios da antiguidade, e o quanto esses Mistérios eram estimados. Eles exerceram uma influência edificante na sociedade. Pois embora apenas aqueles que provavam ser altruístas pudessem entrar nos Grandes Mistérios, havia também os chamados Mistérios Menores, que asseguravam, por meio de mitos, parábolas e rituais, que a luz espiritual da humanidade não se extinguiria.

Esses Mistérios, ou Escolas de Mistérios, estavam em todas as partes do mundo. E por trás de todas elas, estava a força da Loja de

3 H.P.B., *Collected Writings*, Vol. XIV, p. 246-259.

Sabedoria e Compaixão. Todas as artes, todo o conhecimento, religião genuína, filosofia e ciência tinham os Mistérios como fonte.

Há cerca de 1500 anos, no século VI da era cristã, sete iniciados dos Mistérios da Grécia antiga pediram a Justiniano, o imperador cristão de Bizâncio, que fechasse a última Escola aberta em Atenas. Os Mistérios foram profanados e fortemente degenerados. E, melhor do que deixá-los apodrecer ainda mais, aqueles homens santos suplicaram para fechá-las. Claro que sabiam que nos planos internos a Escola de Mistérios nunca pode ser fechada, e para aqueles que batem corretamente na porta, ela está sempre aberta. Mas no mundo exterior, a Escola tinha desaparecido.

Então a noite escura da Idade Média caiu sobre nós. Durante séculos o homem não foi livre para pensar. Os dogmas da Igreja, que são os ensinamentos totalmente incompreendidos do *avatar* Jesus, foram representados como a verdade absoluta, e duvidar que fossem verdadeiros levava à punição com tortura e estaca.

No fim do século XV, houve uma pequena, mas brilhante queima de luz em Florença. Ficino e Pico della Mirandola — que a propósito era, segundo H.P.B., um *chela*, um aluno dos Mestres — fizeram tentativas de reavivar o conhecimento das Escolas de Mistérios. Mas foi só em 1875 — cerca de 1300 anos após o encerramento dos Mistérios na Europa — que foi feita uma tentativa séria de restabelecer as antigas Escolas de Mistérios. A Sociedade Teosófica foi fundada. Pois o objetivo da ST era tornar-se o berço de uma nova época, onde ideias sobre a vida e a morte, sobre a estrutura hierárquica do Universo e, especialmente, sobre a Unidade de todos os seres seriam comumente conhecidas novamente, como nos velhos tempos.

A preparação da fundação da ST foi muito bem planejada. O Mestre Koot Hoomi, nascido na Ásia, estudou alguns anos na Europa para aprender o modo de pensar europeu. Ele aprendeu a falar inglês e francês fluentemente. Mas os Mestres precisavam de um mensageiro. Nas *Cartas dos Mahatmas*[4] lemos que eles procuraram por quase um século até encontrarem a "única oportunidade de enviar um corpo europeu em solo europeu para servir de elo entre aquele país e o deles". Blavatsky não era perfeita, mas ela era a melhor disponível.

Muito antes de 1875 — presumo que mesmo antes de 1831, ano do nascimento de Helena —, a fundação do ST já estava planejada. Pois quando ela ainda era uma menina, algum tipo de contato com o Mestre Morya já havia ocorrido. Quando ela estava com vinte anos e conheceu pela primeira vez o seu Mestre em carne e osso em Londres, reconheceu-o como o homem que havia visto muitas vezes em seus sonhos. Ele lhe pediu para participar do projeto, dizendo-lhe que isso lhe traria um sofrimento indescritível. O amor pela humanidade e pelo seu Guru era tão grande, que ela não podia recusar.

Os vinte e quatro anos seguintes foram anos de treinamento. Ela viajou por todo o mundo. Ela conseguiu entrar no Tibete. Há muitos mistérios sobre esse período. A própria Blavatsky não deu nenhum detalhe sobre esses anos. Esotericamente pode-se dizer que durante esses anos ela reviveu todos aqueles Mistérios do passado. Todas as escolas esotéricas que não funcionavam mais no mundo exterior tiveram que derramar as influências espirituais novamente. Por isso ela visitou, entre outros, os Drusos no Líbano e várias

---

4 *Cartas dos Mahatmas a A. P. Sinnett, Vol. I e II*, Transcritas e Compiladas por A.T. Barker. Brasília: Editora Teosófica, 2021. (Nota Ed. Bras.)

escolas na Ásia. Também estudou os ritos Voodoo em Nova Orleans e as velhas religiões do Egito, e assim por diante. A parte mais misteriosa desses anos errantes foi a do Tibete. Algo na sua constituição foi mudado, ou melhor, algo foi posto de lado. Isso foi necessário para realizar o grande trabalho que ela tinha de fazer. Falaremos sobre isso mais tarde.

O tempo para um novo impulso estava pronto. Os Mestres sempre trabalham com a Natureza, conhecem os movimentos cíclicos e por isso sabiam que o fim do século XIX era uma ocasião apropriada para fazer outra tentativa de dar à humanidade um domínio espiritual.

No fim do século XIX, houve vários momentos cíclicos importantes, como o início de um novo Ciclo Messiânico, um ciclo de 2160 anos. Era o amanhecer de Aquário. O ciclo anterior, que estava no signo de Peixes, foi lançado pelo *avatar* Jesus. Além disso, os primeiros 5 mil anos do *Kali-Yuga* terminaram em fevereiro de 1899. Finalmente, o último quarto de século é sempre o mais espiritual e é, portanto, um bom motivo para lançar um movimento espiritual. Houve, também, outros fatos cíclicos importantes dos quais não sabemos praticamente nada.

Portanto, havia uma razão muito boa para os Mestres enviarem H.P.B. para Nova Iorque, para deixá-la conhecer o coronel Olcott e William Quan Judge, e iniciar o movimento teosófico.

A Sociedade Teosófica era muito necessária, pois a humanidade estava entrando em um perigoso período evolutivo. A crença religiosa no mundo ocidental era extremamente dogmática e tendia cada vez mais à superstição e ao preconceito; por outro lado, a ciência era tão materialista, que os cientistas simplesmente negavam tudo o que os sentidos não conseguiam observar. O *Maha Chohan*, o "Mestre dos Mestres", descreve esta situação da seguinte forma:

> *A humanidade está dividida em duas classes, uma supersticiosa que se prepara para longos períodos de aniquilação temporária ou estados de não-consciência (sic); e uma materialista que se entrega às suas propensões animais com a intenção deliberada de se submeter à aniquilação pura e simples em casos de fracasso, e a milênios de degradação após a dissolução física.*[5]

Assim, o tempo estava maduro para uma visão teosófica. Embora entre os próprios Mestres houvesse dúvida sobre se a nova tentativa da Loja de Sabedoria e Compaixão seria possivelmente bem-sucedida, "o consentimento foi dado".[6] Isso significa que o *Chohan* deu as suas bênçãos. E isto é muito importante.

Um veículo, um mensageiro era necessário para essa nova tentativa. Seres humanos adequados para uma tarefa tão tremenda são extremamente raros. Blavatsky tinha essa necessária força de vontade, essa inquestionável devoção ao seu Mestre e um grande coração compassivo. Mas isso não era suficiente. Ela tinha de exercer sua vontade, ela tinha de dominar sua natureza. Mas para uma tarefa tão importante precisava mais. Ela estava preparada para funcionar como

---

5 *Cartas dos Mestres de Sabedoria*, Transcritas e compiladas por C. Jinarajadasa. Brasília: Editora Teosófica, 2019. (Nota Ed. Bras.)

6 Ver nota 4, carta nº 45, p. 207. (Nota Ed. Bras.)

o instrumento da Hierarquia de Sabedoria e Compaixão, da qual o *Chohan* era a cabeça aqui na Terra.

Blavatsky era uma *chela*[7] altamente compassiva, sábia, altruísta e corajosa dos Mestres. Ela havia ativado em vidas anteriores a sua natureza espiritual e divina. Mas H.P.B. era ainda mais do que isso. H.P.B. era a voz de toda a Hierarquia da Compaixão. Ela era a sua agente direta.

Trata-se de *Tulku*. Essa é uma palavra tibetana, que literalmente significa: tomar uma forma humana na Terra. É semelhante à palavra sânscrita *Avatara*.

Barend Voorham
Membro da Sociedade Teosófica

---

7 *Chela* é um discípulo em aprovação ou já aceito por um Mestre de Sabedoria. (Nota Ed. Bras.)

2

H.P.B.
Como ela nos deixou

Ela viveu em angústia e morreu pelo trabalho;
Mas desfrutou de glória, e foi amada.

Foi meu privilégio estar com H.P.B. durante sua última doença, e no momento de sua morte, fui convidada a contribuir com minha parte para as "Memórias" que foram escritas para o benefício dos irmãos e das irmãs teosóficas, que por estarem longe não tiveram a oportunidade de ver e estar com H.P.B. mais regularmente.

Foi na terça-feira, 21 de abril, que fui à Sede (Sociedade Teosófica) para ficar por poucos dias, os quais, devido aos eventos inesperados que se seguiram, transformaram-se numa visita de algumas semanas. H.P.B. parecia estar em sua condição normal de saúde e, na quinta-feira, 23, compareceu à Loja (Loja de Londres) e ficou conversando com os amigos, que permaneceram por algum tempo à sua volta após os procedimentos da noite; depois ela se dirigiu ao seu quarto onde habitualmente os membros que moravam na Sede a acompanhavam para se sentarem com ela enquanto tomava seu café antes de recolher-se. O dia seguinte, sexta-feira, passou calmamente, não dando aviso de que quinze dias a partir dessa data nossa amada H. P. B. nos deixaria. Na noite seguinte, sábado, ela se mostrava muito animada. O Dr. Mennell ligou e estava perfeitamente satisfeito com a condição de saúde dela. Minha irmã, a Sra. Cooper-Oakley e eu, com um ou dois outros, continuamos conversando com ela até as onze horas, quando ela se recolheu com um alegre "boa noite a todos", aparentemente em seu estado habitual de saúde. Na manhã seguinte, no entanto, a empregada de H.P.B veio cedo ao meu quarto para me dizer que ela passara uma noite muito inquieta e fora tomada por calafrios. Desci logo depois, e o primeiro olhar me mostrou que ela estava evidentemente em elevado estado febril. O médico foi imediatamente chamado e o dia se passou com H.P.B. alternadamente em sono pesado ou em estado de inquietação. No fim da tarde, o Dr. Mennell chegou e declarou que a doença era gripe; a febre estava muito alta, com a temperatura em 40,5° C. Temendo prováveis complicações, que poderiam ocorrer devido à doença crônica de H.P.B., Dr. Mennell imediatamente examinou com atenção o seu caso e disse que ela deveria permanecer, durante à noite, acompanhada de um membro responsável da família, além de sua empregada, sendo da maior importância que medicamentos e alimentos fossem administrados com pontualidade. O dever coube a mim, pois a condessa Wachtmeister estava envolvida em compromissos durante todo o dia e não aguentaria fazer a vigília durante à noite, e à minha irmã não foi permitido fazê-lo pelo Dr. Mennell, devido ao fato de além de estar envolvida em afazeres, ela havia estado recentemente muito doente.

A partir daquela memorável noite de domingo, 26 de abril, começou uma sucessão de infortúnios, a doença de um membro da casa após o outro, que culminou na morte de nossa amada H.P.B. As horas lentamente passavam em alternâncias de inquietação e sono, e com a manhã veio pouca ou nenhuma mudança para melhor. H.P.B. teve sua grande poltrona trazida até ela e posta ao lado de sua cama, para que pudesse ter um pouco de conforto, mudando de uma posição para outra. Embora se sentindo muito doente, ela pediu para ser informada de tudo o que estava acontecendo, e ficou preocupada em ouvir que outro membro, o Sr. Sturdy, também havia contraído gripe; quando foi sugerido que o Sr. Mead o trouxesse para ser cuidado na Sede, ela ficou muito satisfeita e insistiu que ele fosse trazido imediatamente.

H.P.B. passou um dia de muito sofrimento, e quando o Dr. Mennell chegou no início da noite, ficou angustiado ao descobrir que a febre ainda estava muito alta; ele mudou o medicamento, prescrevendo uma preparação de salicilina[8], sendo absolutamente

---

8 Salicilina ($C13H18O7$) é um β-glicosil alcoólico que contém D-glicose. A salicilina é um antiinflamatório que é obtido através da extração da casca do salgueiro. A salicilina está quimicamente muito relacionada ao ácido acetilsalicílico, que tem uma ação muito semelhante no corpo humano. (Nota Ed. Bras.)

necessário reduzir sua temperatura, e decidiu ligar novamente por volta da meia-noite para ver o resultado; deixou ordens estritas de que antes de cada dose a temperatura dela deveria cuidadosamente ser tomada, pois no caso de uma queda repentina, seria perigoso continuar com esse medicamento. Antes que ele voltasse naquela noite, uma terceira dose deveria ser administrada, mas, devido à diminuição da temperatura de H.P. B., senti-me justificada em não a administrar, especialmente porque os desconfortos eventuais à droga começavam a causar muita inquietação. E foi um alívio quando o Dr. Mennell soube que o correto procedimento havia sido tomado, pois estava satisfeito com a condição dela. H.P.B. passou uma noite bastante tranquila e, na terça-feira de manhã, a febre quase tinha cedido; naquele dia e na noite seguinte tudo parecia estar indo bem, porque embora a fraqueza fosse muito angustiante, nenhuma complicação tinha ainda aparecido, e ela foi capaz de alimentar-se bastante. No fim da quinta-feira, 30 (abril), H.P.B. começou a sofrer muito com um incômodo na garganta e, com o passar das horas, teve dificuldade crescente em engolir; a tosse dela tornou-se muito problemática e sua respiração muito difícil. Na sexta-feira de manhã ela não estava melhor, e quando o Dr. Mennell chegou descobriu que uma inflamação de amídala havia se formado no lado direito da garganta; cataplasmas quentes foram aplicados e algum alívio foi obtido. Durante à noite a inflamação cedeu, e quando o Dr. Mennell retornou ficou relativamente satisfeito com a condição de H.P.B. A melhora, no entanto, não durou muito; uma noite ruim se seguiu e pela manhã ficou claro que havia uma segunda formação na garganta. Era um abscesso no tubo brônquico. Sucederam-se um dia e uma noite angustiantes, e na manhã de domingo, 3 de maio, H.P.B. se encontrava muito doente, a dor que sentia ao engolir alimentos dificultava muito que ela se alimentasse em quantidade satisfatória, e sua fraqueza aumentou em consequência disso. A segunda-feira e a terça-feira se passaram da mesma maneira; o abscesso desapareceu, mas os tubos brônquicos ficaram muito afetados, a dificuldade em respirar ainda continuava e um abanamento quase constante teve de ser mantido para aliviar a terrível opressão da qual ela estava sofrendo. Quão bravamente ela lutou contra sua doença somente aqueles que estavam com ela puderam perceber. Na quarta-feira, 6 de maio, ela se arrumou um pouco e foi para a sala, permanecendo lá para o almoço, descansando por algum tempo no sofá; à noite Dr. Mennell a encontrou passando muito bem, a febre havia cedido completamente, mas a grande fraqueza e dificuldade em respirar causavam-lhe considerável ansiedade. Várias vezes H.P.B. disse ao Dr. Mennell que sentia que estava morrendo e que não poderia continuar a lutar por muito mais tempo; mas ele, conhecendo as doenças que ela venceu anteriormente, não perdeu a esperança; de fato, posso dizer, esse sentimento foi compartilhado por toda a casa, pois, apesar de percebermos o quão seriamente doente H.P.B. estava, não podíamos acreditar que ela iria nos deixar.

Um sintoma ruim, desde os primeiros dias de sua doença, foi que H.P.B. perdeu todo o desejo de fumar seus cigarros, e mesmo quando a febre a deixou e tentou recomeçar, não lhe deu prazer, e ela finalmente desistiu. Sempre havia sido costume dela: enrolar alguns cigarros para o Dr. Mennell quando ele pedia, e durante toda a sua doença ela nunca deixou de ter alguns prontos; às vezes, durante a manhã, com muitas pausas, ela conseguia enrolar um ou dois, e mais tarde, quando ficou fraca demais para enrolar os cigarros, o Sr. Mead ou o Sr. Wright eram chamados para este fim. Aquela noite de quarta-feira foi o ponto de virada em sua doença; por volta da meia-noite, uma mudança para pior aconteceu e, por uma ou duas horas, parecia que H.P. B. partiria; ela não tinha pulso perceptível e parecia quase impossível respirar. Depois de um tempo, o ataque passou; ela se sentiu um pouco mais à vontade, e parecia que o perigo havia passado. Muito cedo, na quinta-feira de manhã, o Sr. Wright saiu à procura do Dr. Mennell, que voltou com ele e permaneceu por algum tempo para observar o efeito do remédio que havia administrado. Durante o dia H.P.B. recobrou suas forças e, por volta das três da tarde, vestiu-se e com muito pouca ajuda entrou na sala de estar; quando lá, pediu que sua grande poltrona fosse trazida e enquanto estava sendo colocada na antiga posição, perto de sua escrivaninha, H.P.B. ficou ligeiramente inclinada contra a mesa. A poltrona foi virada para o quarto, e quando H.P.B. sentou-se nela, sua mesa de cartas ficou à sua frente, então tentou "jogar paciência"; não obstante todos esses bravos esforços, ficou evidente que ela estava sofrendo intensamente e que nada além de sua poderosa força de vontade poderia tê-la sustentado nessa luta; a intensa dificuldade em respirar trouxe uma tensa e comovente expressão ao querido rosto de H.P.B., que era lamentável de se ver, e sua aparência se mostrava ainda mais angustiada quando tentou voltar aos velhos hábitos. O Dr. Mennell veio logo depois das cinco e ficou muito surpreso ao encontrá-la sentada, parabenizou-a e elogiou sua coragem; ela disse: "Eu faço o meu melhor, doutor"; sua voz mal soava como um sussurro e o esforço para falar era exaustivo, pois sua respiração estava muito fraca, mas ela estava menos surda e gostava de ouvir as conversas. Ela entregou ao Dr. Mennell um cigarro que conseguiu, com dificuldade, preparar para ele; este foi o último que conseguiu fazer. Depois de um tempo, o Dr. Mennell perguntou à H.P.B. se ela se importaria de ver o seu colega, o Dr. Miller, e permitir que ele lhe auscultasse o peito; ela consentiu, ele entrou imediatamente e o exame foi realizado; a consulta se deu e em seguida o Dr. Mennell chamou a mim e a Sra. Oakley para que ouvíssemos a opinião do Dr. Miller. Ele considerou a condição de H.P.B. muito séria, devido à bronquite da qual ela estava sofrendo e à sua extrema fraqueza; aconselhou uma colher de sopa de *brandy* a cada duas horas, e que a dose fosse aumentada, se necessário. Essa mudança no tratamento foi feita imediatamente, e pareceu produzir um bom efeito. Logo após o Dr. Mennell sair, H.P.B. voltou para o quarto e a sua cadeira foi novamente colocada ao lado da cama; ela estava muito cansada, mas perguntou, como de costume, sobre os outros doentes, principalmente desejando saber se houve uma boa reunião na Loja. A noite que se seguiu, a última conosco, foi muito sofrida; devido à crescente dificuldade em respirar, H.P.B. não conseguia descansar em nenhuma posição; todos os remédios foram tentados sem sucesso, e finalmente ela foi obrigada a permanecer sentada em sua cadeira, apoiada em almofadas. A tosse quase cessou, devido à sua grande exaustão, embora ela tomasse remédios e estimulantes com regularidade. Cerca das quatro da manhã H.P.B. parecia mais à vontade, e seu pulso estava bastante forte, e desde então até às 7h, quando a deixei, tudo correu bem e calmamente. Minha irmã, então, tomou meu lugar enquanto eu descansava algumas horas, deixando recado para que o Dr. Mennell me desse sua opinião sobre H.P.B. quando ele ligasse. O que ele fez pouco depois das nove, e seu diagnóstico foi satisfatório; o estimulante estava fazendo um bom efeito e o pulso estava mais forte; ele não viu motivo para preocupação imediata, aconselhou-me a descansar algumas horas e disse à minha irmã que ela poderia ir para o trabalho. Por volta das 11h30, fui despertada pelo Sr. Wright, que me disse para vir imediatamente, pois H.P. B. havia piorado e a enfermeira achava que ela não viveria muitas horas mais; logo que adentrei seu quarto, percebi a condição crítica em que ela se encontrava. Estava sentada em sua cadeira, eu me ajoelhei em frente a ela e pedi-lhe que tentasse ingerir o estimulante; como estava fraca demais para segurar o copo, ela me permitiu segurá-lo e levá-lo até seus lábios e conseguiu engolir o conteúdo; depois disso, nós conseguimos apenas lhe dar um pouco de alimento com uma colher. A enfermeira disse que H.P.B. poderia viver por apenas algumas horas, mas de repente houve outra mudança, e quando tentei umedecer seus lábios, vi que os queridos olhos já estavam escurecendo, embora ela retivesse plena consciência até o fim. Na vida, H.P.B. tinha o hábito de mover um pé quando estava pensando atentamente, e ela continuou esse movimento quase até o momento em que deixou de respirar. Quando toda a esperança terminou, a enfermeira saiu do quarto deixando C. F. Wright, W. R. Old e eu com nossa amada H.P.B.; os dois primeiros se ajoelharam em frente a ela, cada um segurando uma de suas mãos, e eu a seu lado, com um braço em volta dela, apoiando sua cabeça; assim ficamos imóveis por muitos minutos, e tão silenciosamente H.P.B. faleceu que nós mal soubemos o segundo que ela deixou de respirar; uma grande sensação de paz preencheu o quarto, e nos ajoelhamos em silêncio até que, primeiro minha irmã, depois a condessa, chegaram. Eu tinha telegrafado para elas e para o Dr. Mennell quando a enfermeira disse que o fim estava próximo, mas elas não chegaram a tempo de ver H.P.B. antes que ela nos deixasse. Não se perdeu tempo com inútil pesar, todos tentamos pensar e fazer o que ela gostaria que fosse feito, dadas as circunstâncias, e só podíamos agradecer por ela estar liberada de seu sofrimento. O único raio de luz na escuridão da nossa perda parece ser que, se não houvesse na Sociedade os instrumentos para continuar o trabalho, ela não nos teria deixado. Ela legou a todos nós como herança os cuidados com a Sociedade que fundou, o serviço à Causa à qual sua vida foi dedicada, e a profundidade de nosso amor e de nossa lealdade será medida pela força do nosso trabalho.

Laura M. Cooper
Membro da Sociedade Teosófica

3

A Cremação[9]

O silêncio na Sede (Sociedade Teosófica) na manhã de segunda-feira, 11 de maio, foi intenso. Não havia inquietação, nada demonstrava que algo incomum estava para acontecer, exceto os rostos sérios dos residentes e o contínuo recebimento de telegramas. Pouco antes das dez horas vários teósofos chegaram e, juntamente com os funcionários que não tinham envolvimento direto com o acontecimento, ficaram esperando em fila dupla no corredor e no caminho coberto. Com tranquilidade, o traslado foi devidamente efetuado e um carro funerário comum saiu para a Estação Waterloo acompanhado por três membros, os demais escolhendo o seu próprio caminho para a estação, sendo o desejo repetidamente expresso de H.P.B. que nenhum evento ou cortejo de qualquer tipo deveria ser realizado em relação a seu corpo.

---

9 H.P. Blavatksy faleceu em 08 de maio de 1891 (59 anos) em Londres. (Nota Ed. Bras.)

Em Waterloo havia muitos rostos familiares, embora não tantos quanto haveria se um aviso tivesse ocorrido com maior antecedência, como testemunhado nas muitas cartas de pesar pela ausência involuntária. Para alguém de fora, que não entendia o espírito que inspirava os teósofos reunidos e que nunca considerou a morte como uma simples mudança e o corpo simplesmente como uma roupa, a ausência de todo luto e da parafernália funerária habitual deve ter causado alguma surpresa. Mas para todos nós presentes, parecia ser apropriado fazer o último ato do drama de uma vida singular em harmonia com o resto.

O caminho da estação de Woking até o crematório passava por uma extensão de agradáveis pistas ensolaradas, ornamentadas com arcos de folhas recém-nascidas, e a beleza de uma gloriosa manhã de maio iluminou a dor que até os mais calmos sentiram, pois são necessárias muitas encarnações para "matar o coração" e perder toda a preferência pela personalidade. De fato, naquela manhã em particular, a natureza se mostrou em um dos seus momentos mais felizes e parecia sorrir um adeus alegre ao corpo de uma de suas filhas mais queridas e maravilhosamente dotadas.

As autoridades da Sociedade (Teosófica) e os funcionários da Sede cercaram o caixão enfeitado de flores, e todos permaneceram em profundo silêncio enquanto G. R. S. Mead, Secretário Geral da Seção Europeia e Secretário Particular de H.P.B. nos últimos dois anos, de pé junto à cabeceira, leu o seguinte pronunciamento:

Amigos e Irmãos Teósofos,

H. P. Blavatsky está morta, mas H.P.B., nossa professora e amiga, está viva, e viverá para sempre em nossos corações e memórias. Em nossa tristeza neste momento, é principalmente este pensamento que devemos sempre manter em nossas mentes. É verdade que a personalidade que conhecemos como H. P. Blavatsky não estará mais conosco; mas é igualmente verdade que a grande e nobre individualidade, a grande alma que nos ensinou a todos, homens e mulheres, a viver vidas mais puras e mais altruístas, ainda está ativa.

A Sociedade Teosófica, que foi seu grande trabalho nesta encarnação, ainda continua sob os cuidados e a direção daqueles grandes Mestres e Professores vivos, cuja mensageira era ela e cujo trabalho ela retomará entre nós em um período não muito distante.

Querida como é a personalidade de H.P.B. para nós, para muitos dos quais ela ocupou o lugar de uma mãe amada e reverenciada, ainda devemos lembrar que, como ela nos ensinou tantas vezes, a personalidade é a parte impermanente da natureza humana e o mero traje exterior da individualidade real.

A verdadeira H.P.B. não jaz aqui diante de nós. O verdadeiro eu que inspirou muitos homens e mulheres em todos os cantos da Terra com um nobre entusiasmo pela humanidade sofredora e pelo verdadeiro progresso da raça, combinado com um elevado ideal de vida e alta conduta individual, na mente de nenhum teósofo pode ser confundido com o mero instrumento físico que serviu durante uma breve encarnação.

Companheiros teósofos, o dever que temos diante de nós, seus alunos e amigos, é claro e simples. Como todos sabemos tão bem, o único grande objetivo da nossa professora nesta atual encarnação, objetivo este que ela perseguia com tal altruísmo pleno e singularidade de propósito, foi restaurar à humanidade o conhecimento dessas grandes verdades espirituais que hoje chamamos de Teosofia.

Sua firme fidelidade à sua grande missão, da qual nem insultos nem deturpação alguma a fizeram desviar, foi a peça-chave da sua natureza forte e destemida. Para ela que conhecia tão bem seu significado verdadeiro e interno, a Teosofia era um poder sempre presente em sua vida, e ela era incessante em seus esforços para difundir o conhecimento das verdades vivas das quais tinha total certeza, de modo que, por sua influência cada vez maior, a onda de materialidade na Ciência e Religião podia ser verificada, e uma real e duradoura fundação espiritual ser lançada para o verdadeiro progresso e fraternidade da humanidade.

Com tal exemplo diante de nós, então, nosso dever como teósofos é claro. Nós devemos continuar o trabalho que H.P.B. iniciou tão nobremente, se não com o poder dela — que para nós ainda é impossível —, pelo menos com entusiasmo, sacrifício e determinação, pois só assim poderemos mostrar nossa gratidão a ela e o nosso apreço pela grande tarefa por ela a nós confiada.

Devemos, portanto, cada um individualmente, assumir nossa parte dessa tarefa.

A Teosofia não está morta porque hoje estamos ao lado do corpo de H.P.B. Ela vive e deve viver, porque a verdade nunca pode morrer; mas em nós, os defensores dessa Verdade, deve sempre repousar a mais pesada de todas as responsabilidades, o esforço para moldar nossas próprias personalidades e vidas, para que essa verdade possa ser assim recomendada a outros.

Felizmente para todos nós, H.P.B. deixa o trabalho com uma base sólida e totalmente organizado. Apesar da saúde debilitada e da dor corporal, nossa amada líder, até os últimos momentos de sua vida, continuou seus incessantes esforços pela Causa que todos nós amamos tanto. Ela nunca relaxou um momento em sua atenção sobre seus interesses, e repetidamente imprimiu naqueles que a cercaram os princípios e métodos pelos quais o trabalho deveria ser realizado, nunca contemplando por um instante que a morte de seu corpo pudesse ser verdadeiro obstáculo ao cumprimento do dever que seria então, mais do que nunca, incumbência de todo membro sério da Sociedade. Esse dever, que está tão claramente diante de nós, e do qual H.P.B. nos deu um exemplo tão impressionante, é propagar o conhecimento da Teosofia por todos os meios ao nosso alcance, especialmente pela influência de nossas próprias vidas.

Por mais que amemos e reverenciemos nossa líder, nossa devoção ao trabalho não deve repousar na base transitória de afeição por uma personalidade, mas no sólido fundamento de uma convicção de que, na própria Teosofia, e somente nela, devem ser encontrados estes princípios espirituais eternos de pensamento correto, discurso correto e reta ação, essenciais ao progresso e à harmonia da humanidade.

Acreditamos que se H.P.B. pudesse estar aqui em corpo e falar conosco agora, esta seria sua mensagem para todos os membros da Sociedade Teosófica, não simplesmente para aqueles que estão presentes, mas para todos que, sem distinção de raça, credo ou sexo estão conosco em coração e empatia hoje. Ela nos diria, como já disse a muitos de nós, que "uma vida limpa, uma mente aberta, um coração puro, um intelecto ardente, uma clara percepção espiritual, afeto fraternal para com todos, uma disponibilidade para dar e receber conselhos e instruções, um corajoso suportar das injustiças pessoais, uma destemida declaração de princípios, uma valente defesa daqueles que são injustamente atacados, e mira constante no ideal da evolução e perfeição humanas que a Ciência Sagrada descreve — esta é a escada de ouro, cujos degraus pode o aspirante galgar até o Templo da Sabedoria Divina".

E agora, em silêncio, deixamos o corpo de nossa professora, e voltamos ao mundo cotidiano. Em nossos corações, sempre levaremos conosco sua memória, seu exemplo, sua vida. Toda verdade teosófica que proferimos, todo esforço teosófico que fazemos é mais uma evidência do nosso amor por ela, e o que deveria ser maior ainda do que isso: de nossa devoção à Causa pela qual ela viveu. Para com essa Causa, ela foi sempre verdadeira — para com essa verdade, que nenhum de nós jamais seja falso.

Um breve silêncio se sucedeu, e então o veículo que carregava o corpo da maior das teósofas passou pelas portas duplas do Crematório. Nada poderia ter sido mais simples. Sem cerimônia, sem pompa, sem sinais angustiantes de emoção ou luto inútil; e ainda assim o último ato em honra ao corpo da nossa grande líder estava longe de não ser impressionante; e a cena em Woking sempre viverá na memória dos espectadores, que não podiam deixar de sentir o grave significado da ocasião, os sentimentos profundos e reprimidos dos enlutados, e a determinação mostrada no conjunto de rostos daqueles que trabalham para a Teosofia.

Duas horas depois, a urna contendo as cinzas da nossa amada professora foi recebida com reverência e levada de volta à Sede e colocada nos próprios aposentos dela, encerrando, assim, um dia muito importante para o mundo teosófico.

Sim, essa última despedida da recente vestimenta corpórea de H.P.B. marca uma época importante nos anais da Sociedade Teosófica e um novo ponto de partida para maior esforço e empenho.

No coração daqueles que estão tentando tornar a Teosofia um fator real em suas vidas, deve haver um enorme sentimento de gratidão a ela, que os inspirou a fazê-lo; e esse sentimento de gratidão, amor e respeito nunca estará saciado até que encontre uma expressão adequada. Nenhum memorial material, nada que o dinheiro possa comprar será considerado suficiente para homenagear sua memória. Há apenas uma maneira pela qual a dívida pode ser paga, e esta é fazer da Sociedade Teosófica um sucesso mundial e a Teosofia conhecida em todo o mundo. O trabalho a ser feito não é apenas aquele que pode ser realizado com a mente e as mãos, mas também com o coração, a fonte de todas as ações corretas e o verdadeiro ponto magnético de nossa humanidade. O tremendo fardo de responsabilidade que tanto pesava em H.P.B., mas que ela suportou com tanto prazer em prol da Sociedade, agora deve ser compartilhado entre nós. H.P.B. não pode mais permanecer como um "amortecedor", como ela própria expressou, para a Sociedade e ser o bode expiatório de todas as suas deficiências. Enquanto ela vivia, todos os erros e más ações daqueles que a rodeavam eram atribuídos à H.P.B. e ela teve de carregar a culpa por todos. Agora isso não é mais possível. A Sociedade Teosófica e cada um de seus membros devem se basear em seus próprios méritos, e o dia da expiação vicária é parte do passado. Para que o mundo respeite a Teosofia, devemos primeiro respeitar a Sociedade Teosófica, tanto por seu trabalho para os outros quanto pelo bem imediato que faz àqueles que adentram em seu seio. Devemos ensinar e exemplificar: ensinar o que é a Teosofia em palavras claras e simples, e exemplificar seu poder redentor por nossa conduta correta em todos os assuntos da vida.

Somente é um verdadeiro teósofo aquele que desenvolve todas as suas faculdades superiores e aprende a sentir a "adequação das coisas", a harmonia subjacente em todas as ocasiões. O pensamento correto, o sentimento correto, a fala correta, o julgamento correto e a ação correta são os sinais de tal pessoa e conduzirão indubitavelmente àquela consumação de fraternidade que temos diante de nós como nosso ideal.

Vamos, então — aquele que merecer o título de teósofo — observar bem isto e seguir o exemplo de H.P.B., sacrificando-nos pelo bem dos outros.

Assim como uma mãe, mesmo com o risco de sua própria vida, protege seu filho, seu único filho: que haja boa vontade sem medida entre todos os seres. Que a boa vontade sem medida prevaleça em todo o mundo, acima, abaixo, ao redor, sem restrição, sem mistura com qualquer sentimento de interesses divergentes ou opostos. Se um homem permanece firmemente nesse estado de espírito por todo o tempo em que está em vigília, estando ele em pé, andando, sentado ou deitado passa a expressar o ditado 'mesmo neste mundo, a felicidade foi encontrada'.

G. R. S. Mead

Membro da Sociedade Teosófica

4

Em Nova Iorque e Wurzburg

Meu primeiro contato com H.P.B. data do outono do ano 1877, quando aproveitei uma licença de três meses dos meus afazeres na Inglaterra para procurá-la em Nova Iorque. O movimento espiritualista, com o qual eu estava oficialmente conectada, estava naquele momento com força total, e o aparecimento do livro do coronel Olcott, *People from Another World* (*Pessoas de Outro Mundo*), estava criando uma grande agitação, principalmente devido às estranhas ocorrências ali relatadas acontecidas em Vermont, por meio da mediunidade dos irmãos Eddy. A parte do livro que me atraiu, porém, foi aquela em que o coronel Olcott descreve a aparição em cena de uma senhora russa chegada recentemente do Leste, e cuja explicação dos fenômenos era muito diferente daquela geralmente recebida. Assim que soube o endereço de Madame Blavatsky através dos jornais espiritualistas americanos, escrevi para ela, e foi em consequência de nossa correspondência que fui persuadida a visitar os EUA.

Nossa primeira apresentação foi singular. Eu estava hospedada a alguma distância da *West 34th Street*, onde H.P.B. residia na época, e numa tarde, logo após minha chegada, fui visitá-la. Depois de tocar a campainha três vezes em vão, eu estava prestes a ir embora desanimada quando a porta foi aberta pela própria H.P.B.! Tendo já trocado fotografias, o reconhecimento foi mútuo e as boas-vindas as mais calorosas possíveis. Subimos ao apartamento no segundo andar, e quem não conheceu H.P.B. não compreenderá quão hospitaleira foi sua recepção; quando o coronel Olcott voltou da "Cidade", eu já me sentia em casa. Mas não pude ficar, pois estava partindo de Nova Iorque no dia seguinte em uma pequena excursão à Niagara e outros lugares; mas no meu retorno, três semanas depois, passei cinco semanas com H.P.B., até finalmente partir para a Inglaterra.

Exatamente naquele período, *Ísis sem Véu*[10] estava para ser impresso, e muitas foram as horas felizes que passei corrigindo folhas de prova e discutindo os problemas apresentados naquele maravilhoso livro. Esses são detalhes pessoais e parecem muito triviais para serem registrados; no entanto, quão amorosamente a mente permanece ligada ao menor incidente e tenta recordar, à luz dos eventos posteriores, as minúcias daquelas oportunidades preciosas, muito pouco valorizadas à época! Enquanto o trabalho intelectual estava em andamento, e detalhes relacionados à impressão e publicação precisavam ser atendidos, talvez houvesse menos dos chamados "fe-

---

10 BLAVATSKY, H. P. *Ísis Sem Véu, Volumes I a IV*, São Paulo: Editora Pensamento, 2019. (Nota Ed. Bras.)

nômenos" que eram frequentes naqueles primeiros dias da Sociedade Teosófica; mas que fenômeno poderia ser maior do que a produção das obras monumentais de H.P.B., num idioma e país estrangeiros para ela, a menos que fosse a união a um indivíduo de tão grande conhecimento, tanta riqueza espiritual, com tanta genialidade e consideração pelo pior irmão ou irmã, que mostrava aspiração pela verdade ou bondade, tanta simpatia e pronta ajuda em dificuldades de todo tipo, tanto materiais quanto psíquicas e espirituais.

Quando considero quão pouco dos ensinamentos da Teosofia, desde então concedidos, foram revelados ao mundo, fico surpresa ao pensar como uma mente podia contê-los todos sem torná-los conhecidos. Mas ainda não havia chegado a hora.

O encontro naqueles dias foi em grande parte com aqueles que estavam envolvidos na investigação do espiritualismo moderno, como mostram claramente as páginas de *Ísis*, e isso alguns anos antes que o mundo, mesmo o mundo para quem os escritos de Madame Blavatsky eram particularmente atraentes, se conscientizasse do brilho daquele meteoro que havia sido disparado do Leste através do céu ocidental. Quantos anos mais ainda irão decorrer antes que um décimo de seus ensinamentos se torne propriedade comum? Veremos. O encanto de sua presença pessoal, sua brilhante conversa, seus ataques de sagacidade e humor, sua variedade infinita de assuntos, que nenhum costume pôde jamais banalizar, nunca deixaram de lhe trazer uma quantidade interminável de visitantes e conhecidos, além dos amigos que sabiam algo de seu real valor. Mas eram apenas aqueles que viviam com ela constantemente ou que passavam um período de tempo juntos, e que tiveram vislumbres ocasionais do verdadeiro eu por trás do exterior flutuante, que podiam saber quão verdadeiro e grandioso, quão generoso e nobre era o coração que batia ali dentro.

Vários exemplos dos poderes psíquicos de H.P.B. ocorreram enquanto eu estava com ela, mas muitos deles são difíceis de registrar, são de fato incomunicáveis. O que segue, porém, é claro para todos: numa manhã, no desjejum, ela nos disse que dormiu e viu o sobrinho morto na guerra que estava em curso entre a Rússia e a Turquia. Ela descreveu a maneira do golpe mortal, como ele foi ferido, a queda de seu cavalo e outros detalhes. Ela pediu ao coronel Olcott e para mim que anotássemos suas palavras, bem como a data, e, antes que eu deixasse Nova Iorque, a confirmação completa do evento foi recebida em uma carta da Rússia, todas as circunstâncias correspondendo ao sonho ou visão de H.P.B. A reprodução de objetos não era prática incomum para H.P.B. nesse período, e ocorreu tanto em minha própria presença como na de pessoas em cujo testemunho eu podia perfeitamente confiar.

Não era necessário nenhum *insight* especial para perceber que a comunicação se mantinha constante com algumas mentes distantes ou invisíveis. Sinais frequentes de vários tipos foram ouvidos até à mesa do jantar, quando H.P.B. imediatamente se retirava para o seu próprio apartamento. Tão familiares eram esses sons quanto os termos "Mestres" e "Irmãos" que, quando depois de anos, tanta polêmica se deu quanto à sua veracidade, mesmo entre aqueles que se denominavam teósofos, nunca me ocorreu duvidar de sua existência.

Neste momento, os ataques aos escritos e ao caráter pessoal de H.P.B. eram abundantes nas revistas americanas e, no meu retorno à

Inglaterra, tive de enfrentar quase sozinha a oposição dos espiritualistas ingleses, por causa das explicações dela sobre suas "manifestações" favoritas. Finalmente deixei tanto a Sociedade Espiritualista quanto a Teosófica, e não vi Madame Blavatsky novamente por muitos anos; tão forte e inefável era a impressão produzida em minha mente por sua nobreza de caráter, sua veracidade e honestidade, que assim que ouvi falar do Relatório da Sociedade de Pesquisas Psíquicas, decidi me encontrar com H.P.B., em qualquer lugar ao meu alcance, ainda que esse fosse apenas um protesto silencioso contra a ação dos cavalheiros mais injustos e desorientados que haviam endossado uma calúnia tão imunda. Eu a encontrei em Würzburg com a Condessa Wachtmeister, escrevendo *A Doutrina Secreta*, e a partir desse momento até a sua morte nossa conexão se tornou cada vez mais próxima e mais forte.

Se essas poucas linhas parecerem egoístas para o leitor, só posso perguntar que tributo ao poder do espírito pode ser maior que a declaração de que, apesar de toda influência adversa a ser suportada, a dela, no final, tornou-se primordial e está destinada a influenciar aqueles que ficaram sob sua autoridade, até o fim dos tempos.

Cada um só pode falar sobre o que pessoalmente lhe afetou; e tal egoísmo, se é egoísmo, é apenas um veredicto triunfante em favor daquela que gostaríamos de honrar, cuja maior glória foi o número de corações e mentes que ganhou pela busca da verdade e da virtude.

Emily Kislingbury

Membro da Sociedade Teosófica

5

No Cairo e em Madras[11]

Impossível, para mim, no pouco espaço disponível, fornecer muitos detalhes dos vários momentos profundamente interessantes que passei com nossa amada professora e líder. Portanto, vou me limitar ao inverno memorável de 1884-85, quando ocorreu o tão comentado caso Coulomb. Foi, sem dúvida, uma crise importante na história do movimento teosófico deste século; e, sendo assim importantes, os detalhes fornecidos por uma testemunha ocular podem ser interessantes.

H.P.B. havia ficado com a senhorita Arundale em Elgin Crescent durante o verão, mas deixou sua casa para juntar-se ao Sr. Oakley e a mim, e permaneceu conosco até que viajamos juntos para a Índia. O grupo da casa consistia em H.P.B., minha irmã, Dr. Keightley, Sr. Oakley e eu. Foi no começo de novembro, em 1884, que deixamos Liverpool para Port Said a caminho de Madras. Tinha sido decidido que iríamos primeiro ao Cairo para obter alguma

11 Madras hoje denominada Chennai, localizada no Golfo de Bengala, no leste da Índia, é a capital do estado de Tamil Nadu. (Nota Ed. Bras.)

informação definitiva sobre os antecedentes dos Coulombs, que eram bem conhecidos lá, pois as notícias de sua traição já haviam chegado a nós alguns meses antes, notícias que H.P.B. havia recebido com muita tranquilidade. Chegamos a Port Said em 17 de novembro de 1884, e após alguns dias o Sr. Leadbeater se juntou a nós; com sua chegada, pegamos o barco dos correios e navegamos pelo Canal de Suez até Ismailia, e depois fomos de trem para o Cairo. Profundamente registrado em minha memória está cada incidente relacionado àquela memorável viagem. H.P.B. era uma companheira de viagem das mais interessantes, suas informações variadas sobre cada região do Egito eram extensas e extraordinárias. Gostaria de ter espaço para narrar os detalhes daquela época no Cairo, os passeios pelos pitorescos bazares, e as descrições dela sobre as pessoas e seus costumes. Especialmente interessante foi uma longa tarde passada no Museu Boulak, nas fronteiras do Nilo, onde H.P.B. surpreendeu Maspero, um notório egiptólogo, com seus conhecimentos; enquanto visitávamos o museu, ela informou-lhe os graus dos reis iniciados e como eles eram conhecidos sob o ponto de vista esotérico. Mas não devo me estender nessas recordações sobre ela.

Para abreviar a narrativa dos eventos, H.P.B. e o coronel Olcott foram para Londres, oriundos de Nova Iorque em 1878 e, após uma breve estadia na Inglaterra, rumaram para Bombaim, onde em Girgaum estabeleceram a primeira Sede Teosófica na Índia e deram início ao *The Theosophist*[12]. Logo após o desembarque em

12 *The Theosophist* é uma revista da Sociedade Teosófica Internacional, baseada em Adyar, Chennai, Índia. Ela foi fundada em 1879 por H.P. Blatavtsky, a qual era também sua editora. A revista ainda é publicada até hoje. (Nota Ed. Bras.)

Bombaim, Madame Coulomb, que já cuidara de H.P.B. no Cairo, apareceu na Sede e rogou assistência. Um dos traços característicos mais fortes da personalidade de nossa instrutora é que ela nunca esquecia uma gentileza, por mais trivial e por mais indigna fosse a pessoa que a fizera. Então, quando Coulomb e o marido chegaram, quase famintos e sem um tostão, até H.P.B., foram recebidos e abrigados. Madame Coulomb foi nomeada governanta e Alexis Coulomb gerente geral, pois havia falta de mão de obra competente para trabalhos caseiros. O Sr. Coulomb trabalhava como carpinteiro e mecânico.

Em 1883, o coronel Olcott e H.P.B. tomaram providências para visitar a Europa, os assuntos gerais da Sociedade foram entregues a um "Conselho de Controle", e os Coulombs foram encarregados da casa, permanecendo, especialmente, no andar de cima, onde H.P.B. costumava morar. Mal H.P.B. viajara, os Coulombs se fecharam na parte superior da casa, que tinha uma escadaria separada, e Alexis Coulomb teve mais de seis meses para fazer todo seu trabalho de carpintaria, construir vários alçapões e painéis deslizantes para uso em sua conspiração. Em seguida foram se encontrar com os missionários em Madras e se ofereceram para lhes mostrar que truques haviam sido feitos, e foram pagos pelos missionários por suas pretensas revelações. Seus planos tiveram de ser antecipados no final, em razão da chegada inesperada do Sr. William Q. Judge de Nova Iorque, e da decisão do Conselho de Controle de exonerar Coulomb. A rústica e inacabada condição dos alçapões é explicada pela apressada saída deles. O próprio Rev. Patterson informou ao Sr. Judge sobre o pagamento feito aos Coulombs.

Até aqui, a história deles; agora retornemos à nossa jornada. Ao sairmos do Cairo, H.P.B. e eu fomos diretamente para Suez. O Sr. Oakley permaneceu no Cairo para obter os documentos da polícia sobre os Coulombs; o Sr. Leadbeater se juntou a nós em Suez. Depois de esperar dois dias pelo navio a vapor, partimos para Madras. Não costumo me envergonhar com frequência de meus compatriotas, mas confesso que tive razão para tal sentimento durante aquela quinzena; os primeiros panfletos escritos pelos missionários circulavam a bordo do navio, e todo comentário ofensivo que poderiam fazer sobre H.P.B. foi ouvido. Essa viagem foi muito desagradável, mas alguns poucos amáveis incidentes aliviaram a insipidez geral da incivilidade contra a nossa querida amiga. O coronel Olcott e alguns membros nos encontraram em Colombo, e ficamos lá quase dois dias, fazendo algumas visitas extremamente interessantes aos velhos Templos Budistas e uma visita especialmente encantadora a Sumangala, o Sumo Sacerdote, que evidentemente tinha um respeito muito elevado por H.P.B. Em seguida, prosseguimos para Madras. Jamais esquecerei a pitoresca chegada lá. Uma delegação acompanhada por uma banda de música chegou em barcos para nos encontrar; mas o som da música ficou um tanto prejudicado pelo fato de a queda entre as ondas ser tão grande que às vezes a banda ficava no topo de uma vaga, e às vezes quase era engolfada entre duas grandes ondas. Ao desembarcar no cais, havia centenas de pessoas para conhecer H.P.B., e fomos literalmente rebocados por membros entusiasmados descendo o píer num caminhão ricamente decorado com rosas de papel etc., e depois fomos cercados por uma multidão de escuros rostos sorridentes. Ela foi conduzida ao salão de Pacheappah, onde havia guirlandas de rosas, e fomos fartamente aspergidos com água de rosas. Então H.P.B. e eu fomos conduzidas por um *Rajá* até sua carruagem e fomos levadas para Adyar. Aqui a recepção mais calorosa a esperava. Membros estavam reunidos de todas as partes da Índia para a convenção que se aproximava; fomos para o grande salão e de pronto começamos a discutir o envolvente caso Coulomb. O coronel Olcott então nos informou que a Sociedade de Pesquisas Psíquicas estava enviando um membro para investigar o assunto e, alguns dias depois, o notório Sr. Hodgson apareceu, recém-chegado de Cambridge. E agora uma palavra sobre este jovem senhor. O Sr. Hodgson era australiano de nascimento e veio para a Inglaterra para fazer a vida e, sendo um jovem empreendedor, estava disposto a fazer qualquer coisa para atingir este objetivo. Estou bastante confiante de que se um homem mais velho tivesse chegado, um com mais experiência e um julgamento mais maduro, o caso Coulomb teria sido apresentado ao mundo de uma maneira muito diferente. É preciso uma cabeça fria e uma natureza justa para colocar-se ao lado da minoria, e quando o Sr. Hodgson chegou à Índia, encontrou toda a comunidade anglo-indiana em armas contra Madame Blavatsky em dois pontos principais — (1) que ela era uma espiã russa, (2) que ela ficava do lado dos hindus contra anglo-indianos, se ela pensasse que os primeiros foram tratados injustamente e, acima de tudo, tinha a coragem de dizer isso. Então, a posição de um jovem que queria ao mesmo tempo fazer a coisa certa e ser popular entre a maioria, era necessariamente muito difícil; e uma contínua série de jantares não tendia a esclarecer suas opiniões, pois chegava aos seus ouvidos uma contínua corrente de calúnias contra ela. A comunidade em geral a odiava, pelas razões que apresentei; e os missionários a odiavam porque ela era pouco ortodoxa, e teósofa. As investigações do Sr. Hodgson não foram conduzidas com uma mente imparcial, e por ouvir todo mundo dizer que Madame Blavatsky era uma impostora, ele começou a acreditar nisso: depois de algumas entrevistas com Madame Coulomb e os Missionários, vimos que suas opiniões estavam se voltando contra a minoria. Então, seu relatório[13] não foi de forma alguma preciso, pois ele omitiu uma evidência muito valiosa dos fenômenos apresentados a ele pelo Sr. Oakley e eu. O Sr. Hodgson foi tratado com a maior cortesia e amizade por H.P.B. e o coronel Olcott, e todas as oportunidades foram oferecidas a ele para investigar todos os buracos e esquinas de Adyar; e ainda assim ele preferiu dar mais crédito ao testemunho de uma serva demitida, cujo mau caráter era então universalmente conhecido, do que à H.P.B. e seus amigos, que não tinham interesse monetário ao apresentarem suas evidências. Os alçapões e painéis deslizantes haviam sido fabricados por Coulomb, na ausência de H.P.B., e sua esposa vendeu o caráter da patroa, que a salvou da fome, para Missionários e forjou as cartas que lhes mostrou. Qualquer pessoa de intelecto comum e bom senso podia ver que os alçapões e os painéis deslizantes eram bastante novos, tão

---

13 Em 27 de fevereiro de 1997 o Sr. Vernon Harrisson, *PhD*, Presidente da Sociedade Real Fotográfica da Grã Bretanha, examinador profissional de documentos questionados, dentre outras titularidades, prestou um depoimento juramentado onde ele declara que o relatório do comitê nomeado para investigar os fenômenos relacionados à S.T., publicado em 1885 pela Sociedade para Pesquisas Psíquicas (SPP), estava eivado de falhas e não era confiável. Sugerimos leitura do livro *H.P. Blavatsky e a Sociedade para Pesquisas Psíquicas — Retratação a Blavatsky sobre as Cartas dos Mahatmas*, Vernon Harrison, *PhD*. Brasília: Editora Teosófica, 2015. (Nota Ed. Bras.)

novos que eram imóveis, *os sulcos ainda frescos e não marcados por qualquer* uso, como o Sr. Oakley e eu descobrimos quando tentamos mover a maior porta deslizante. Se não pudemos fazê-lo com nossos esforços, certamente é ridículo pensar que Madame Blavatsky poderia tê-los usado para truques de algibeira; a investigação era tão maldosa que qualquer truque teria inevitavelmente sido descoberto. No entanto, o Sr. Hodgson estava tão empenhado em ser um "sucesso" que esses simples fatos de senso comum foram desconsiderados por ele. Imediatamente após o término da convenção, ele deixou a Sede e foi para Madras, até que suas investigações terminassem. Quantas vezes H.P.B. pediu a ele para deixá-la ver as cartas que ela supostamente teria escrito, mas nem ela nem nenhum de seus amigos íntimos jamais teve permissão para vê-las. Ninguém que não estivesse ali naquela ocasião poderia imaginar a escandalosa injustiça com que ela foi tratada. O efeito de toda essa preocupação foi que ela ficou gravemente doente. O coronel Olcott tinha partido para a Birmânia, o Sr. Oakley e eu estávamos completamente sozinhos com ela. Muitos foram os dias de ansiedade e as horas de cuidados de enfermagem que passei durante essas três semanas, quando ela ficou cada vez pior e finalmente foi dada como em estado de coma pelos médicos. Isso prova o quão maravilhosa foi a influência protetora de H.P.B., doente ou em bom estado de saúde, pois embora eu estivesse completamente isolada com ela, perto do telhado da casa, havendo uma escadaria aberta que levava ao alto, quase sem uma alma por perto, ainda assim noite após noite eu vaguei para cima e para baixo no terraço, para respirar ar fresco entre três e quatro da manhã, e me perguntei, ao assistir a luz do dia passar sobre a Baía de Bengala, por que me sentia tão destemida, até com ela deitada aparentemente à beira da morte; eu nunca poderia imaginar um sentimento de medo estando próxima de H.P.B. Finalmente chegou a aflitiva noite, quando os médicos desistiram e disseram que nada podia ser feito, era impossível. Ela estava em estado de coma, que já se instalara há algumas horas. Os médicos disseram que ela iria falecer naquelas condições, e eu sabia, humanamente falando, que a vigília daquela noite deveria ser a última. Não posso aqui detalhar o que aconteceu, uma experiência que nunca esquecerei; mas às 5h, de repente ela abriu os olhos e pediu seu café da manhã, a primeira vez que falou naturalmente em dois dias. Fui ao encontro do médico, cuja surpresa com essa mudança foi muito grande. H.P.B. disse: "Ah! doutor, você não acredita em nossos grandes Mestres". A partir desse momento, ela melhorou constantemente. O médico insistiu que ela fosse enviada para a Europa assim que possível; eu não pude ir com ela, minha saúde havia sido arrasada com a tensão, e eu não aguentava ficar de pé sem muletas. Falta-me espaço, e o resto deve esperar; mas devo dizer que em todos os anos em que conheci nossa Professora e amiga, eu nunca a vi proferir uma palavra hostil sobre seu maior inimigo; ela era a personificação prática da caridade e do perdão, e estava sempre pronta para dar outra chance de fazer melhor a quem falhou com ela. Dizem que "a familiaridade gera desrespeito", mas é um fato impressionante que quanto mais de perto e intimamente estávamos unidos à H.P.B. na vida cotidiana tanto mais aprendemos a respeitá-la, mais ainda, a reverenciá-la. Uma maravilhosa e misteriosa linha de demarcação sempre a cercava, separando sua vida espiritual interior daquela exterior, aparentemente comum. Cada momento dela era dedicado ao trabalho para o qual foi destinada; nada era pequeno ou minúsculo demais para a sua cuidadosa atenção. Ela faleceu como uma sentinela em seu posto, na poltrona em que ensinou e escreveu, a melhor e mais verdadeira das Professoras, a mais fiel e incansável de todos os Mensageiros.

Isabel Cooper-Oakley
Membro da Sociedade Teosófica

6

Em Wurzburg e Ostende

Em novembro de 1885, fui a Würzburg visitar Madame Blavatsky; eu a havia encontrado anteriormente na França e na Inglaterra, mas tinha sido apenas encontros casuais. Encontrei H.P.B. doente e cansada da vida, deprimida tanto na mente quanto no corpo, pois ela sabia da grande e importante missão que tinha de cumprir, e quão difícil era encontrar aqueles que estivessem dispostos a entregar-se à nobre obra que foi a tarefa que lhe coube na vida. Ela costumava lamentar a indiferença dos membros da S.T. a esse respeito, e dizia que se pudesse apenas levantar o véu por um momento e lhes deixar divisar o futuro, que diferença isso faria; mas cada um tinha de trabalhar seu próprio *karma* e enfrentar sozinho as suas dificuldades.

Madame Blavatsky foi instalada em apartamentos confortáveis, com quartos grandes e com o ambiente tranquilo que tanto precisava para o trabalho extraordinário em que estava envolvida. Todas as manhãs às 6h ela se levantava e trabalhava durante uma hora, antes do café da manhã às 8h; depois de ter lido cartas e jornais, voltava a escrever, às vezes me chamando ao seu quarto para me dizer que as referências de livros e manuscritos lhes haviam sido dado pelo seu Mestre, com o capítulo e a página citados, e pedia se eu poderia conseguir amigos para verificar a correção dessas passagens em diferentes bibliotecas públicas: pois já que ela lia tudo invertido na Luz Astral, ser-lhe-ia fácil cometer erros em datas e números — em alguns casos, verificou-se que o número da página havia sido invertido; por exemplo, o número 23 era encontrado na página 32 etc.

A hora de almoçar de Madame Blavatsky era entre 13h e 14h, com certa variação para adequar seu trabalho, e, sem qualquer descanso, ela imediatamente se punha novamente à escrivaninha, escrevendo até às 18h, quando o chá era servido. O relaxamento da velha senhora durante à noite era o jogo de "Paciência", distribuindo as cartas enquanto eu lia a correspondência recebida durante o dia, ou textos de jornais que eu pensava poderem ser de seu interesse. Entre 21h e 22h H.P.B. se recolhia para descansar, geralmente tomando algum refresco, e lia seus jornais russos até meia-noite, quando a lamparina era apagada e tudo se tornava quieto até a manhã seguinte, quando a habitual rotina recomeçava. E assim, dia após dia, a mesma ordem continuava, quebrada apenas pelo relatório malicioso de Hodgson, que causava ondas de perturbação que nos atingiam de todos os lados. H.P.B. me disse uma noite: "Você não pode imaginar o que é sentir tantos pensamentos e correntes adversas dirigidos contra você; é como as picadas de mil agulhas, e tenho de erguer continuamente uma muralha protetora ao meu redor". Perguntei-lhe se sabia de quem vinham esses pensamentos hostis; ela respondeu:

"Sim; infelizmente sim, e estou sempre tentando fechar os olhos para não ver e ter ciência disso"; e para me provar que era este o caso, ela me relatava sobre cartas escritas, citando trechos delas, e quando elas chegavam realmente, um ou dois dias depois, eu podia verificar a exatidão das frases.

Todos que conheceram e amaram H.P.B. percebiam o encanto que havia nela, quão verdadeiramente amável era ela; às vezes um luminoso ar infantil parecia pairar ao seu redor, e um espírito de alegre contentamento brilhava em todo o seu semblante, e causava a mais cativante expressão que jamais vi num rosto humano. Uma das maravilhas do seu caráter era que para cada pessoa ela se mostrava diferente. Eu nunca a vi tratar duas pessoas da mesma forma. Os traços frágeis no caráter de cada um eram por ela percebidos de imediato, e o modo extraordinário com que ela os examinava era surpreendente. Por aqueles que viveram em contato diário com ela, o conhecimento do *Self* era gradualmente adquirido, e o progresso podia ser atingido pelos que escolhiam beneficiar-se de sua maneira prática de ensinar. Mas para muitos de seus alunos o processo era desagradável, pois nunca é prazeroso ficar cara a cara com as próprias fraquezas; e então muitos se afastaram dela, mas aqueles que puderam resistir ao teste e permaneceram fiéis a ela, reconheceram dentro de si o desenvolvimento interior que, somente ele, leva ao Ocultismo. Não se poderia ter uma amiga mais verdadeira e fiel que H.P.B., e acho que foi a maior bênção da minha vida ter vivido com ela em tamanha intimidade, e até a minha morte tentarei promover a nobre Causa pela qual ela se escravizou e tanto sofreu.

Não falarei de fenômenos neste artigo, pois meu testemunho pessoal pode não ter utilidade para ninguém além de mim mesmo, exceto satisfazer curiosidade; tudo o que posso dizer é que esses fenômenos ocorriam diariamente tanto em Würzburg quanto em Ostende, onde passei um segundo inverno com Madame Blavatsky. De fato, o que as pessoas chamam de fenômenos me pareciam ser as ocorrências naturais comuns da vida cotidiana, tão acostumada a eles me tornei; e a verdade é que chamamos apenas fenômenos aquilo que somos incapazes de explicar completamente — as estrelas cadentes, o crescimento das árvores, em verdade toda a natureza ao nosso redor, são um vasto fenômeno que, ao ser testemunhado, só raramente nos encheria com muito mais incredulidade e espanto do que o toque de sinos astrais etc.

Nossa estadia em Würzburg era interrompida apenas por visitantes ocasionais, sendo as últimas Madame Gebhard e a Srta. Kislingbury, no mês de maio de 1886. Despedi-me de H.P.B. na estação, deixando-a com a senhorita Kislingbury, que a acompanhou a Ostende, enquanto eu fui com Madame Gebhard para Kempten onde fomos recebidas pelo Dr. Franz Hartmann, que nos mostrou aquela estranha, esquisita e mística cidade.

Em outubro de 1886, juntei-me à H.P.B. em Ostende, e a encontrei vivendo em aposentos suficientemente confortáveis; ela me recebeu com todo o calor de sua cordial natureza e estava, penso eu, tão verdadeiramente feliz por me ter ali, como eu por estar com ela. Recomeçamos nossa vida monótona, mas interessante, o fio sendo tomado de onde foi interrompido pela última vez, e observei com prazer como as pilhas de manuscritos para a *D.S.* (*A Doutrina*

Secreta) estavam aumentando. Nossa proximidade com a Inglaterra fez com que as pessoas mais uma vez viessem rondar H.P.B., e recebemos vários visitantes, entre os quais a Sra. Kingsford e o Sr. Maitland, e foi um prazer ouvir a conversa de três intelectos tão talentosos sobre todos os pontos de semelhança entre o Ocultismo Ocidental e o oriental; ainda durante minha experiência posterior com H.P.B. e seus ensinamentos, foi maravilhoso observar como ela manteve guardado com segurança dentro de seu próprio peito o secreto conhecimento que recentemente lhe foi permitido dar a alguns de seus alunos.

Por volta do fim do inverno, H.P.B. ficou muito doente; seus rins foram afetados e, após alguns dias de intenso sofrimento, o médico belga me disse que temia pela vida dela. Telegrafei para Madame Gebhard, que tinha sido uma verdadeira e leal amiga para ela por muitos anos, e também para o Sr. Ashton Ellis, um membro da S.T. e médico hábil; ambos responderam ao meu chamado e ajudaram durante aqueles dias difíceis e aflitivos e, no final, o eficiente tratamento do Sr. Ellis fez com que ela conseguisse atravessar a perigosa crise. Enquanto H.P.B. lentamente se recuperava, outros amigos vieram. O Dr. Keightley e também o Sr. Bertram Keightley estavam entre eles, e ambos convenceram Madame Blavatsky a passar o verão na Inglaterra, numa pequena cabana que foi reservada para ela em Norwood.

Deixei Ostende, Madame Gebhard tendo gentilmente se prontificado a permanecer com a Velha Senhora, até que ela se sentisse capaz de empreender a jornada para Londres. No mesmo verão, enquanto eu estava em casa na Suécia, H.P.B. me escreveu que havia uma proposta de morar em Londres com os Keightleys, para formar um centro de trabalho teosófico na Inglaterra; ela escreveu: "Agora, finalmente, começo a ver claramente meu caminho diante de mim, e o trabalho do Mestre pode ser feito apenas se você concordar em vir morar conosco. Eu disse aos Keightleys que sem você o projeto deles cairia por terra" etc. etc. Respondi que compartilharia da casa, e esperava que um núcleo de membros sérios fosse formado para continuar seu trabalho e missão na vida.

Cheguei à Inglaterra em agosto de 1887, encontrei H.P.B. em Norwood e logo depois nos mudamos para o endereço 17, Lansdowne Road, Holland Park, e então começamos uma vida nova, difícil e muitas vezes dolorosa. Provações se sucederam rapidamente, mas o próprio resultado de todos esses sofrimentos e preocupações foi o desenvolvimento da Sociedade e a disseminação de verdades teosóficas.

Madame Blavatsky estava em casa todos os sábados à tarde e os visitantes vinham toda noite, multidões de pessoas; alguns por curiosidade, outros com um verdadeiro desejo de aprender sobre Teosofia, e alguns atraídos por sua personalidade. Assistir à maneira variada com que H.P.B. recebia cada nova chegada era por si só um estudo, e eventos posteriores provaram que seu conhecimento sobre caráter era único. Às vezes ela parecia crescer e expandir em intelecto, e a força e poder com os quais apresentava seu vasto conhecimento apreendia os presentes em estado de admiração; outras vezes ela só falava das coisas mais triviais, e seus ouvintes iam embora bastante satisfeitos consigo mesmos, achando serem eles vastamente superiores a ela. Mas disponho apenas de certo espaço a mim reservado, e devo concluir este sucinto depoimento.

A casa em Lansdowne Road tornou-se pequena demais para as necessidades dos trabalhadores que se reuniam ao nosso redor e, em julho de 1890, nos mudamos para 19, Avenue Road, que passou a ser a Sede da S.T. europeia.

Tendo outros membros gradualmente compartilhados comigo o cuidado diário e a atenção à H.P.B., o que até então tinha sido meu privilégio e prazer, devo deixar à eloquência deles fazer uma descrição da vida e do lento declínio da saúde dela; e agora nossa querida amiga e professora se foi, mas o trabalho de H.P.B. ainda está por terminar, e é apenas pela maneira como continuaremos esse trabalho que poderemos provar ao mundo quão intenso tem sido nosso amor e gratidão à mulher mais nobre e grandiosa que este século produziu.

Constance Wachtmeister
Membro da Sociedade Teosófica

7

Uma Palavra do Sr. Sinnett

Tenho escrito sobre Madame Blavatsky com bastante intensidade para um periódico, foi a forma que encontrei para transmitir ao público esotérico alguma ideia da grandeza do trabalho que ela realizou na vida que acaba de findar. Convidado a contribuir com algumas observações sobre minha longa amizade com ela para a revista que ela própria fundou, prefiro agora evitar qualquer repetição das impressões externas sobre seus maravilhosos atributos e faculdades, para lidar em vez disso com alusões que recebi dela mesma, e de outras maneiras, de tempos em tempos, quanto ao provável curso de sua própria evolução futura. Por muitos anos ela falou comigo, à distância, sobre as esperanças que ela nutria com referência ao destino que lhe estava reservado quando lhe fosse permitido livrar-se do fardo da encarnação que agora se esgota. Todos os teósofos, que lucraram com a iluminação que ela foi capaz de lançar sobre os princípios que regem o progresso humano individual, chegarão a duas conclusões sobre ela praticamente certas. A vida que acaba de findar não pode ter sido aquela em que ela iniciou sua carreira no Ocultismo, e certamente não será seguida por um retorno normal, no caso dela, a um período ordinário de descanso *devachânico.* Ela deve ter alcançado considerável avanço na iniciação preparatória antes de se tornar H.P.B., e o trabalho árduo e fiel que vinha realizando há tantos anos a serviço daqueles que nunca são ingratos, significará, inevitavelmente, o tipo de recompensa que melhor facilitará o seu futuro progresso espiritual. Não sei até que ponto ela pode ter esclarecido o assunto para os outros, mas não vejo razão para reticências em relação às suas encarnações mais recentes; com referência às quais, de fato, ela nunca me deu nenhum detalhe, e me levou a acreditar que não estava familiarizada com eles. Mas quanto ao fato amplo, não tenho dúvida pessoal. Sua última encarnação antes desta que se findou foi na pessoa de um membro de sua própria família recente, uma tia que morreu prematuramente; e cuja existência não parece ter servido ao seu avanço em qualquer grau de importância. Antes disso, ela foi uma mulher hindu de consideráveis realizações ocultas, com esperanças e aspirações em relação à comunidade à qual ela então pertencia. Sua transferência para outra nacionalidade parece ter sido conectada de alguma forma com a crença dela de que seria mais capaz de promover, a partir do apoio de um nascimento europeu, o interesse da raça hindu.

Em relação ao futuro — ou podemos dizer em relação ao presente? —, parece muito improvável que ela tenha outra encarnação feminina em sucessão à última. O ensinamento mais elevado revelou que alternâncias ocorrem em quase todos os casos após uma curta série de encarnações no mesmo sexo. Seu próprio desejo nesse assunto apontou fortemente para uma encarnação masculina desta vez, e sua esperança de que esse desejo fosse realizado era muito confiante.

Muitos leitores de *Lucifer*[14] ficarão cientes de que as encarnações anômalas daqueles cujo *karma* os elevou acima da operação de leis automáticas são de dois tipos. O *Chela-Ego* pode estar ligado a um organismo recém-formado e nascer como uma criança da maneira comum — embora, neste caso, destinado a recuperar a lembrança da vida anterior logo que o novo organismo atinja maturidade; ou pode ser transferido com violência, por assim dizer, para um corpo já maduro, adaptado para servir de veículo para suas futuras manifestações e progresso, se este corpo estiver pronto no momento certo; isto é como dizer que o seu antigo inquilino já estivesse previsto de alguma outra maneira. Para encontrar uma oportunidade como esta, seria necessário que o momento certo fosse apreendido para efetuar a transferência, e se poderia esperar, portanto, que alguém em cujo interesse tal transferência devesse ser realizada fosse avisado a qualquer momento; na linguagem convencional, morreria repentinamente. Agora, é um fato marcante sobre a "morte" de Madame Blavatsky que doente como frequentemente esteve ultimamente, e embora fosse impossível manter seu organismo em ativida-

---

14 *Lucifer* foi uma revista publicada por Helena Blavatsky. A primeira edição foi publicada em setembro de 1887 em Londres. A revista publicou artigos sobre temas filosóficos, teosóficos, científicos e religiosos. Também continha resenhas de livros, por exemplo, de *Assim falou Zaratustra*, de Friedrich Nietzsche. (Nota Ed. Bras.)

de por muito mais tempo, ela estivesse fisicamente melhor no dia em que morreu do que havia estado por vários dias antes, e foi parabenizada naquela manhã pelo seu médico por ter superado o ataque que a perturbava. Sua morte, exatamente quando ocorreu, foi um evento absolutamente inesperado, e provavelmente não pôde ser atribuído a nenhuma causa física específica. Em duas ou três ocasiões, durante os últimos seis anos, ela foi definitivamente desesperançada por seus médicos e declarada incapaz de viver outro dia. Em tais crises ela foi resgatada no último momento, evidentemente pelo exercício do poder oculto; enquanto que, na presente ocasião, quando não havia necessidade aparente de morrer, ela fecha os olhos e morre em um instante.

Para mim, a inferência parece muito clara e aponta, entre outras conclusões, para a *possibilidade* de que a nova personalidade com a qual ela agora possa estar vestida, se já madura, possa, no decorrer dos acontecimentos, ser identificada por alguns de nós que agora vivemos, antes que sejamos chamados — ou autorizados — para usar qualquer frase que melhor se adeque à nossa condição mental interna — a passar, nós mesmos, pela grande mudança.

A. P. Sinnett

Membro da Sociedade Teosófica

8

Uma recordação de Madame Blavatsky

A primeira e precoce impressão que tive de Madame Blavatsky foi o sentimento do poder e da grandeza de sua individualidade; como se eu estivesse na presença de uma das forças primordiais da natureza.

Lembro-me de que a palestra tratou dos grandes líderes do materialismo — preenchendo um espaço maior aos olhos do público do que agora — e suas negativas dogmáticas sobre a alma e as forças espirituais. A atitude de Madame Blavatsky na discussão não foi combativa, nem mesmo argumentativa; ainda assim ela registrou na mente a convicção da total futilidade do raciocínio material, e isto não por qualquer lógica sutil ou habilidade controversa, mas como se um espírito vivo e imortal, por sua mera presença, refutasse imediatamente a negação da vida espiritual.

Esse senso do poder da individualidade não era o que se sentia na presença de alguma grande personalidade, que domina e reduz as pessoas ao seu redor à insignificância, e tiranicamente anula sua independência. Era antes o sentido de uma profunda e sólida realidade, um poder inesgotável de resistência, um espírito construído nas profundezas da natureza, e chegava até as eternidades primordiais da Verdade.

Gradualmente perceptível sob essa impressão dominante de poder, surgia uma sutil sensação de grande gentileza e bondade, uma disposição infalível de esquecer inteiramente de si e de se lançar de coração na vida dos outros.

Outro lado do caráter de Madame Blavatsky se desdobrava mais lentamente — a grande luz e penetrante visão de sua alma.

Éramos embalados, por assim dizer, pela personalidade simpática e tranquilizados pela sensação de poder equilibrado, de modo que, a princípio, essa qualidade da luz interior poderia permanecer despercebida, até que alguma mudança repentina de pensamento ou mudança de sentimento se abrisse aos olhos e se reconhecesse a presença de um habitante da eternidade.

Todos percebem, ao viajarem por uma região montanhosa e selvagem, que as vastas massas e profundezas das colinas e vales são frequentemente escondidas e permanecem ocultas; a mente e os olhos se prendem na graça mais gentil de aspectos da natureza; árvores, pássaros e flores: e alguma cordilheira sobe imperceptivelmente, até que de repente o cume é alcançado, e a mente é surpreendida por uma vasta perspectiva que rapidamente se revela diante dela.

Esses vislumbres surpreendentes e inesperados de profundidade, muitas vezes senti na presença de Madame Blavatsky, quando a riqueza e simpatia de seu caráter quase instigavam a pessoa a acreditar que ela era uma personalidade fascinante, e nada mais do que isto.

Ao longo de sua vida, a nota dominante da personagem de Madame Blavatsky foi o poder; nos primeiros anos, poder sem luz; depois, poder e luz em igual equilíbrio. O registro mais antigo de sua vida a apresenta como uma pessoa forte e de dominante personalidade, sempre se impressionando profundamente com o ambiente à sua volta, e se sobrepondo e dominando a personalidade dos outros, de forma imperiosa, muitas vezes tiranicamente, mas com uma sempre presente e imperiosa generosidade e gentileza; uma profunda generosidade de pensamento, uma quase incrível generosidade de ação; uma personalidade poderosa, usando seu poder muitas vezes extravagantemente, muitas vezes imprudentemente, muitas vezes incorretamente.

Então a luz amanheceu para ela, e a força caótica de sua natureza foi iluminada, harmonizada, purificada e com o mesmo poder dominante ela se preparou para entregar sua mensagem à humanidade, a mensagem dos fortes aos fracos, de quem estava dentro do círculo de luz para aqueles que estavam na escuridão, sem a luz.

Com força inigualável, ela afirmou a alma; com força transcendente ensinou a realidade do espírito, vivendo a vida e manifestando as energias de uma imortal.

Ela se lançou com impetuosa força contra as sombrias nuvens nocivas do mal e da ignorância que envolvem e envenenam a vida humana; a fenda em suas pesadas massas, através das quais, bem acima, vislumbramos o azul, dá testemunho da grandeza do poder que as separou.

Ela era uma personalidade de tal dimensão que dividia o mundo em seus adeptos e seus oponentes, não deixando ninguém indiferente no meio; o teste da força de sua natureza é tanto a feroz animosidade de seus inimigos quanto o amor devocional de seus amigos. Tal era o poder e o domínio de sua individualidade que, em comparação com a dela, todas as outras almas pareciam inertes.

Um espírito imortal, ela teve a coragem de viver como um espírito imortal e de sujeitar a natureza material e as forças básicas da vida aos poderes de sua imortalidade; ela perpetuamente marcou sua posição nas realidades da natureza espiritual, e sempre se recusou a admitir a tirania dominante do mundo material.

E esse poder dominante e essa clara luz interior se uniam a uma natureza de maravilhosa bondade, maravilhosa gentileza e absoluto esquecimento e clemência ao erro.

Nada nela era mais notável, nada mais verdadeiramente a marcava como um dos eleitos do que a grande humildade de seu caráter, pronta para negar e ignorar todas as suas próprias doações esplêndidas a fim de trazer à luz as qualidades de outras pessoas. Essa humildade não era mera afetação, nenhum mero truque para provocar admiração, mas a expressão intensamente sincera de sua própria natureza; uma expressão tão profunda e real quanto a comparação que *Sir* Isaac Newton fez de si mesmo, depois de uma vida de realizações inigualáveis: uma criança pequena que recolhe conchas numa praia do oceano.

A natureza de Madame Blavatsky era como uma torrente de montanha, tendo sua origem em algum lago profundo e claro acima das nuvens, e carregando impetuosamente até os vales as riquezas das montanhas, para espalhá-las sobre as famintas e sedentas planícies abaixo; para lhes dar nova vida e fertilidade, e a promessa de uma rica colheita na estação devida; e entre os presentes mais comuns das montanhas, trazendo de vez em quando grãos de ouro e pedras preciosas e espalhando-os como o Pactolo,[15] sobre as areias do vale; e sempre os habitantes do vale, ao encontrarem esses tesouros mais raros, veem neles a promessa da mais profunda riqueza das montanhas e juram a si mesmos nunca desistirem da busca pelo grande tesouro até o fim de suas vidas.

Assim era Madame Blavatsky em sua vida; e agora que está morta, sua morte parece ter levado de nós metade do sabor da vida; e sua ausência parece nos ter tirado um dos grandes incentivos à vida.

Mas para consagrar a solidão de sua morte, ela nos deixou a grande lição de sua vida, uma vida fiel a si mesma, fiel ao seu Espírito, fiel ao seu Deus.

Alguém que esteve ao seu lado, tão calma e quieta ao morrer, nunca poderia acreditar que essa natureza torrencial, esse poder esplêndido deixou de existir: com a sensação de perda por sua partida veio a convicção, muito mais forte que razão ou lógica, de que um poder como o dela não poderia ser extinto pela morte, que uma alma grandiosa como a dela nunca poderia deixar de existir.

---

15 Pactolo era um rio da antiguidade, cujo leito continha ricos depósitos de ouro e prata. (Nota do tradutor)

E assim partiu de nosso convívio uma alma de poder singular, de luz singular, de doçura singular. Sua vida deu uma nova nobreza à Vida; e a Morte mais gentil se tornou em razão de sua morte.

Charles Johnston

Membro da Sociedade Teosófica

9

"Vossa até a Morte e além dela, H.P.B."

Essa era a maneira como nossa amada professora e amiga sempre concluía suas cartas para mim. E agora, embora todos estejamos comprometidos a relatar algo daquela amiga e professora que se foi, sinto sempre próxima e sempre potente a magia desse poder irresistível, como o de um poderoso rio a fluir, que aqueles que nela sempre confiavam compreendiam. Afortunado de fato é o *karma* que por todos os anos, desde que a conheci em 1875, manteve-me fiel à amiga que, disfarçada sob o *mortal* vestuário externo conhecido como H. P. Blavatsky, sempre foi fiel a mim, sempre amável, sempre a professora e a guia.

Em 1874, na cidade de Nova Iorque, conheci H.P.B. nesta vida. A pedido dela, enviado pelo coronel H. S. Olcott, o chamado foi feito em seus aposentos em Irving Place, quando então, como depois, pelo resto de sua tempestuosa carreira, ela esteve cercada pelos inquietos, intelectuais, boêmios, ricos e pobres. Foi o olhar dela que me atraiu, o olhar de quem eu devo ter conhecido em vidas que se passaram há muito tempo. Ela olhou para mim em reconhecimento naquele primeiro momento, e nunca mais esse olhar mudou. Não foi como um questionador de filosofias que eu apareci diante dela, não como alguém que procura no escuro por luzes que escolas e teorias fantasiosas haviam obscurecido, mas como alguém que, vagando por muitos períodos pelos corredores da vida, procurava os amigos que pudessem mostrar onde os projetos do trabalho foram ocultados. E fiel ao chamado ela respondeu, revelando os planos mais uma vez, e sem falar palavras para explicar, simplesmente os apontava e prosseguia com a tarefa. Era como se fosse noite antes de nos separarmos, deixando ainda por fazer alguns detalhes de uma tarefa realizada com um fim comum; eram professora e aluno, irmã mais velha e irmão mais jovem, ambos inclinados para um único objetivo, mas ela com o poder e o conhecimento que pertencem apenas a leões e sábios. Assim, amigos desde o início, eu me senti seguro. Outros, eu sei, olharam com desconfiança para uma aparência que eles não podiam compreender, e embora seja verdade que eles apresentem muitas provas que, arraigadas ao peito, amaldiçoariam sábios e deuses, entretanto foi somente em razão da cegueira que eles não conseguiram ver o olhar de leão, o coração diamantino de H.P.B.

Todo o espaço deste relato não seria suficiente para me permitir registrar os fenômenos que ela realizou para mim durante todos esses anos, nem eu gostaria de narrá-los. Como ela costumava dizer, eles nada provam, mas apenas levam algumas almas a duvidarem e outras a se desesperarem. E, novamente, eu não acho que eles foram feitos apenas para mim, mas apenas que naqueles primeiros dias ela estava estabelecendo as linhas de força em todo o país, e eu, tão afortunado, estava no centro da energia e vi o jogo de forças em fenômenos visíveis. A explicação foi oferecida por alguns amigos muito receosos de que os fenômenos anteriores fossem erros de julgamento, que se tentou reparar nos anos posteriores confinando sua área e limitando seu número, mas até que alguém consiga provas na escrita de H.P.B. em concordância com essa visão, manterei a própria explicação dela, realizada com antecedência e que nunca mudou. Isso declarei acima. Para muitos é mais fácil se refugiar atrás de uma acusação de mau julgamento do que entender as leis estranhas e poderosas que controlam assuntos como esses.

Em meio a toda turbulência de sua vida, acima do barulho produzido por quem a acusava de engano e fraude e outros que a defendiam, enquanto mês após mês e ano após ano testemunhássemos homens e mulheres entrando no movimento teosófico, apenas para deixá-lo em seguida com frases malévolas sobre H.P.B., existe um fato que todos nós podemos imitar — devoção absoluta ao seu Mestre. "Foi Ele", ela escreve, "quem me disse para me dedicar a isso, e eu nunca desobedecerei e nunca voltarei atrás."

Em 1888, ela me escreveu em particular:

> Bem, meu único amigo, você deveria saber melhor. Olhe para a minha vida e tente percebê-la — pelo menos em seu curso externo, pois o resto está oculto. Estou sob a maldição de sempre escrever, como o judeu errante estava sob a de estar sempre em movimento, nunca parando um momento para descansar. Três pessoas saudáveis

comuns dificilmente poderiam fazer o que eu *tenho* de fazer. Vivo uma vida artificial; sou um autômato funcionando a todo vapor até que pare a força de sua geração e, então — adeus! *** Anteontem à noite foi-me apresentada uma visão panorâmica das Sociedades Teosóficas. Vi alguns sinceros teosofistas confiáveis numa luta de morte com o mundo em geral, com outros — teósofos de nome, mas ambiciosos. Os primeiros são em número maior do que você imagina, e *eles prevaleceram*; como vocês, nos *EUA prevalecerão*, se permanecerem firmes no programa do Mestre e fiéis a si mesmos. E na noite passada eu vi (***) [sinal simbolizando o Mestre] e agora me sinto forte — já que estou em meu corpo — e pronta para lutar pela Teosofia e pelos poucos teósofos *verdadeiros*, até o meu último suspiro. As forças de defesa precisam ser criteriosamente — sendo elas tão escassas — distribuídas por todo o mundo, onde quer que a Teosofia esteja lutando contra os poderes das trevas.

Assim ela sempre foi: dedicada à Teosofia e à Sociedade organizada para realizar um programa que abrange o mundo em seu escopo. Disposta a oferecer, a serviço da Causa, esperança, dinheiro, reputação, a própria vida, desde que a Sociedade pudesse ser salva de todo dano, pequeno ou grande. E, assim, interligados corpo, coração e alma a essa entidade chamada Sociedade Teosófica, destinada a protegê-la de todos os perigos, frente a todas as perdas, ela muitas vezes se expunha ao ressentimento de muitos que se tornaram seus amigos, mas que nem sempre cuidavam da incipiente organização como ela jurara fazer. E quando eles agiram como se fossem inimigos da Sociedade, a instantânea reação dela em oposição a essa atitude lhes parecia anular as declarações de amizade. Portanto, tinha ela apenas poucos amigos, pois era necessária uma percepção aguçada, não afetada por sentimento pessoal, para que se pudesse perceber até mesmo uma pequena parte da real H.P. Blavatsky.

Mas era seu objetivo apenas formar uma Sociedade cuja força deveria estar em números? Não. Ela trabalhou sob o olhar de guias que, operando *por trás da cena*, sabiam que a Sociedade Teosófica era, e deveria ser, o núcleo do qual ajuda poderia se espalhar para todas as pessoas da época, sem agradecimentos e sem reconhecimento. Uma vez, em Londres, perguntei-lhe qual era a chance de atrair as pessoas para a Sociedade, em vista da enorme desproporção entre o número de membros e os milhões da Europa e dos EUA que nem sabiam nem se importavam com isso. Recostando-se em sua cadeira na qual estava sentada diante da escrivaninha, ela disse:

> "Quando você considera e se lembra daqueles dias em 1875 e depois, nos quais você não conseguia encontrar nenhuma pessoa interessada em seus pensamentos, e observa agora a ampla influência das ideias teosóficas — por mais rotuladas que sejam —, não é tão ruim. Não estamos trabalhando apenas para que as pessoas possam se chamar *teósofos*, mas para que as doutrinas que estimamos possam afetar e germinar toda a mente deste século. Isso somente pode ser realizado por um pequeno e sério grupo de trabalhadores, que trabalham sem recompensa humana, sem reconhecimento terreno, mas que, apoiados e sustentados por uma crença nessa Fraternidade Universal, da qual nossos Mestres fazem parte, laboram constantemente, fielmente, ao compreenderem e colocarem em consideração

as doutrinas da vida e do dever que nos chegaram, oriundas de tempos imemoriais. Não esmoreçam enquanto alguns devotos trabalharem para manter o núcleo existente. Vocês não foram instruídos para fundarem e realizarem uma Fraternidade Universal, mas para formarem o núcleo de uma; pois é somente quando o núcleo é formado que as aglomerações podem começar aquilo que terminará em anos futuros, ainda que longínquos, na formação daquele corpo que temos em vista."

H.P.B. tinha um coração de leão, e no trabalho traçado para ela teve o punho firme do leão; vamos, seus amigos, companheiros e discípulos, nos manter firmes na execução dos projetos desenhados no cavalete, pela memória de sua devoção e a consciência de que por trás de sua tarefa estavam, e ainda permanecem, aqueles Irmãos mais Velhos que, pairando acima do fragor de nossa batalha, sempre veem o fim e direcionam as forças distribuídas em ordem, para a salvação "desta grande órfã — a Humanidade."

William Q. Judge
Membro da Sociedade Teosófica

10

Como eu a conheci

> "Resiliência é a qualidade principal,
> E paciência, toda a paixão de grandes corações."
> *Lowell*

Resiliência e paciência certamente foram as qualidades principais de H.P.B. quando eu a conheci nos últimos anos de sua vida, e quando eu ouvi falar dela por aqueles que tiveram a sorte de tê-la conhecido por mais anos do que posso contar durante sua vida. A mais proeminente de suas características estava implícita nestas qualidades nobres; era aquela força constante, inflexível como uma rocha. Vi pessoas fracas se lançando contra ela e depois choramingarem que ela era difícil; mas eu também a vi cara a cara com uma mulher que tinha sido sua brutal inimiga — mas que estava em sofrimento e, *por isso,* arrependida, como impiedosamente pensei —, e toda sua feição era radiante, com uma compaixão divina, que somente não perdoou porque não ia admitir que havia sido ultrajada. A dureza que pode ser suave é a dureza que é necessária em nossa permissiva vida ocidental, em que se está cansado das vergonhas que passam por real valor, de falsidades que apunhalam com um sorriso e traem com um beijo. H.P.B. sempre foi chamada de não convencional, e o adjetivo era apropriado. Ela não considerava as convenções da sociedade como leis naturais e preferia franqueza ao elogio. Acima de tudo, ela tinha o senso de proporção, e o "senso mais raro de todos, a sensatez". Ela não achava que toda devoção espontânea fosse pisoteada quando uma mulher fumava, nem que todo vínculo que mantinha a sociedade unida fosse rompido quando alguma falha de conduta fosse cometida. Viajante em muitos países, ela viu costumes sociais tão variados que um ou outro era para ela tão sem importância quanto usar chapéu, turbante ou um barrete turco, e ela ria de todas as rudes e provincianas ideias britânicas de que o mérito de um homem dependia de estar ele em acordo com nossos próprios conceitos. Por outro lado, ela era a própria rigidez nas questões mais graves da lei; e não fosse pelo dano que os escritores estavam cometendo a si mesmos pelas falsidades que lançaram sobre ela, eu muitas vezes poderia ter rido do absurdo contraste entre a charlatã fraudulenta e esbanjadora que eles imaginavam e a H.P.B. com quem convivi, de uma honra tão sensível quanto a do "muito gentil e perfeito fidalgo", verdade impecável como um diamante, pureza que tinha grande parte da sinceridade de uma criança, misturada com a severidade que podia mantê-la incansável contra o ataque. Além de todas as questões de obrigação moral, H.P.B. era uma mulher muito orgulhosa, em sua personalidade, para contar uma mentira. Criada entre os maiores expoentes da nobreza russa, herdando grande parte de seu desprezo altivo pelas pessoas ao redor deles, ela não teria condescendido em se justificar pela mentira; ela não se importava o suficiente com "o que as pessoas diriam" para se inclinar a qualquer subterfúgio em sua defesa. De fato, algumas das calúnias anteriores surgiram dessa mesma imprudência sobre a opinião pública. E quando a isso foi adicionado o treinamento oculto que endurece o *chela* contra todos os julgamentos externos e o coloca sempre diante do tribunal do seu Eu Superior, tornando-o indiferente a todas as condenações menores, ver-se-á prontamente que a motivação para a inverdade que movem pessoas comuns estava ausente. E isso não diz respeito aos fatos mais profundos do caso, dos quais seria um desperdício falar aqui, e sobre o quanto deve ser suficiente se dizer que nenhum ocultista elevado pode se atrever a mentir para ganho ou defesa pessoal.

Costumava-se dizer que o diabo pagava bem a seus servos nesta vida, desde que de alguma maneira ele pudesse recuperar a dívida em outra; mas na verdade, como dizem os devotos, se ela era um dos emissários dele, as minas de ouro do Sheol[16] devem estar se esgotando. Pois nestes últimos dias, H.P.B. era uma mulher muito pobre, e eu a conheci muito pressionada por uma moeda, muitas vezes. Então algum admirador dedicado lhe enviava dinheiro, e esse

16 Seol, Xeol ou Sheol, (em hebraico: שאול; romaniz.: Sheh-ól ou She'ol , lit. "Sepultura") é retratado originalmente como a "região dos mortos" ou "mundo dos mortos" de maneira genérica para toda a humanidade. É importante não o confundir com a ideia do purgatório católico ou com inferno de fogo. (Fonte: Wikipédia). (Nota Ed. Bras.)

dinheiro era doado para a Sociedade Teosófica, para um amigo, para um velho criado carente, para alguma família sobre cuja fome eu pudesse ter comentado com ela. Era uma natureza nobremente generosa, a de H.P.B., sempre precisando de algum canal por onde pudesse fluir; dinheiro, roupas, joias, qualquer coisa ela entregava com ambas as mãos para o primeiro que estivesse carente.

Observando-a em seu aspecto geral, ela tinha muito mais de homem do que de mulher. Sincera, decidida, rápida, obstinada, genial, bem-humorada, livre de mesquinharia e sem malignidade, ela era totalmente diferente do tipo feminino médio. Ela julgava sempre segundo o cenário mais amplo, com vasta tolerância pelas diversidades de caráter e de pensamento, indiferente às aparências externas se o homem interior fosse justo e verdadeiro.

Pessoalmente, um dos maiores serviços que ela prestou foi colocar à minha disposição, como uma ajuda ao autoconhecimento, sua própria visão profunda do caráter. Ria comigo mesma quando ouvia pessoas dizerem que "Madame Blavatsky deveria ter um péssimo juízo sobre o caráter alheio, ou ela nunca teria confiado em pessoas que depois a traíram". Eles não sabiam que a regra dela era dar a cada um sua chance, e ela nunca recuava se, ao fazer isto, corria o risco de ferir a si própria. Sempre era ela mesma que se dava a tais pessoas — nunca a Sociedade, nem qualquer conhecimento que elas pudessem usar para ferir outros. Assisti ao desenrolar de um desses casos: um jovem Judas que fingia amizade, que foi admitido por ela para se hospedar em sua casa, que tentou ineficazmente descobrir "segredos", e foi embora para finalmente atacá-la e tentar traí-la. Ela falou com ele livremente, não colocou obstáculos em nenhuma de suas perguntas, tentou levá-lo pelo caminho certo, mas uma ou duas vezes eu observei aqueles olhos estranhos dela, dos quais muito se falou, mirando-o com um profundo olhar comovente, afastando-se finalmente com um suspiro. Mas quando alguém estava realmente procurando o mais difícil de todos os conhecimentos, o autoconhecimento, então ela usava seu raro poder de *insight*, e alertava sobre perigos ocultos, apontava para características ocultas, desvendava os fios emaranhados de qualidades e defeitos semicompreendidos ou não compreendidos, e assim guiava o aluno em seus esforços para conhecer a si mesmo e escapar da teia da ilusão. Várias vezes, no meu próprio caso, ela me levou direto ao motivo oculto, à fraqueza oculta, à armadilha encoberta, e qualquer um de seus alunos que pudesse suportar seu escrutínio e crítica sem ressentimento podia ter a certeza de semelhante ajuda.

Como professora H.P.B. foi inspiradora e sugestiva, não didática. Ela somente conseguia ensinar efetivamente quando o aluno estava em contato direto com ela e podia preencher com rápida intuição as lacunas que deixava em seu esboço. Nesses casos, ela expressava pensamento após pensamento, com maravilhosa riqueza de ilustrações das fontes mais amplamente variadas, os pensamentos muitas vezes não relacionados na superfície, mas sempre se descobria, em cuidadoso reestudo posterior, serem elos lançados, digamos assim, à luz de uma corrente ininterrupta. Os elos intermediários eram deixados à sombra, e se o aluno pudesse também lançá-los à luz, pelo uso de sua própria intuição, estava bem. Mas quando a mente do estudante não dava nenhuma resposta à dela, quando seus rápidos golpes não faziam faísca alguma saltar como resposta da rocha, para tal indivíduo H.P.B. permanecia sempre enigmática, obscura, envolvida, perdida no labirinto da metafísica, e ela demonstrava ser tão insatisfatória para eles quanto eles se mostravam sem esperança para ela.

Em seus últimos anos, H.P.B. levou uma vida muito isolada; fechava as portas por dias, às vezes por semanas, diante daqueles que estavam mais próximos dela, e entendemos agora como ela estava se preparando para a mudança que se aproximava. E para nós que vivemos com ela, a mudança é menor do que muitos talvez possam supor. Nossa proximidade a ela não era a da presença corporal, era a ligação muito mais próxima que sempre une professor e aluno na venerável filosofia que era sua missão transmitir. Para nós, o mero fato de ela ter jogado fora o vestuário desgastado de sua personalidade, de maneira alguma altera a relação entre ela e nós; aqueles de nós que estiveram com ela em vidas passadas foram separados fisicamente antes, mediante a "mudança que os homens chamam de morte", e se encontraram novamente no retorno à "vida" na Terra. O que foi será, e na vida verdadeira nenhuma separação é possível. Por muitos anos, sua vida foi uma longa tortura; ela estava no centro de um turbilhão de forças espirituais e psíquicas, exposta ao mesmo tempo à pressão do plano material. Sozinha, sem ninguém que pudesse entendê-la completamente, incompreendida, ofendida, insultada e mesmo quando amada, principalmente amada de maneira errada, ninguém, exceto seus pares, pode dizer que inferno na Terra foi a vida dela. Que ela esteja fora disso agora é motivo de regozijo, não de tristeza para aqueles que realmente a amaram. O trabalho ao qual ela deu a vida agora cabe a nós continuar; as forças por trás dele não se enfraqueceram porque H.P. Blavatsky partiu. É o trabalho da Irmandade, não de qualquer indivíduo, e enquanto a Irmandade viver e trabalhar, nem a dúvida nem o desespero podem tocar seus discípulos. Temos apenas de cumprir nosso dever: o sucesso, como o mundo o vê, é algo que não tem importância.

Annie Besant

Membro da Sociedade Teosófica

11

Os dois últimos anos

Eu já havia me hospedado no endereço 17, Lansdowne Road, durante minhas férias, mas foi somente no início de agosto de 1889 que passei a trabalhar permanentemente com H.P.B. Ela estava em Jersey na época, e a cópia e as provas de *Lucifer* estavam sendo ativamente transmitidas de um lado para outro, acompanhadas de uma infinidade de notas específicas e telegramas. Só tive tempo de revisar dois livros antes de receber um telegrama urgente de H.P.B., e então fui para Jersey. Que calorosa saudação houve na varanda daquela casa coberta de madressilvas, e que rebuliço para ter tudo confortável para o recém-chegado!

Muitas vezes me surpreendi que as principais acusações e calúnias contra H.P.B. tenham sido as de fraude e ocultação, e só posso explicar isso pelo fato de aqueles que fizeram tais acusações (exceto a Sra. Coulomb) nunca a terem conhecido. Segundo a minha experiência, ela sempre confiou demais nos outros e era bastante pródiga em sua franqueza. Por exemplo, assim que cheguei, ela me passou todos os seus documentos e me pôs a trabalhar em uma pilha de correspondências que, caso contrário, permaneceriam sem resposta até o dia do juízo final; se ela detestava alguma coisa, era responder cartas. Fui então iniciado nos mistérios de *Lucifer*, e logo tive minhas mãos ocupadas com a transmissão de orientações, alterações e contra orientações a Bertram Keightley, que era então o subeditor, pois naqueles dias H.P.B. não deixaria uma palavra entrar na revista *Lucifer* antes que ela tivesse visto e revisto tudo, e ela realizava acréscimos e cortes nas provas até o último momento.

Um dia, logo após minha chegada, H.P.B. entrou no meu quarto inesperadamente com um manuscrito e o entregou a mim dizendo: "Leia isto, velho, e diga-me o que você pensa disso". Foi o Manuscrito da terceira parte de *A Voz do Silêncio*[17], e enquanto eu lia, ela se sentou e fumou seus cigarros, batendo com o pé no chão, como costumava ser hábito seu. Continuei lendo, esquecendo a presença dela na beleza e sublimidade do tema, até que ela interrompeu meu silêncio com um "E então?". Disse-lhe que era a coisa mais grandiosa de toda a nossa literatura teosófica e tentei, contrariamente ao meu hábito, transmitir em palavras um pouco do entusiasmo que senti. Mas mesmo assim H.P.B. não estava contente com seu trabalho, e expressou a maior apreensão de que havia falhado em fazer justiça ao original em sua tradução, e mal pôde ser convencida de que se saíra bem. Essa era uma de suas principais características. Ela nunca confiou em sua própria literatura e ouvia alegremente todas as crí-

17 BLAVATSKY, H. P. *A Voz do Silêncio*. Brasília: Editora Teosófica, 2020, 4 ed. (Nota Ed. Bras.)

ticas, inclusive de pessoas que deveriam permanecer caladas. Estranhamente, ela foi sempre muito insegura quanto aos seus melhores artigos e obras e mais confiante em seus escritos polêmicos.

Quando retornamos a Lansdowne Road, ocorreu uma daquelas mudanças, tão familiares para aqueles que trabalharam com H.P.B., e ambos Dr. Archibald Keightley e Bertram Keightley partiram para o exterior, o primeiro numa viagem ao redor do mundo, o último para dar palestras nos Estados Unidos. Dessa forma as tarefas deles foram transferidas principalmente para mim, e gradualmente comecei a vê-la sozinha em seu trabalho, devido à necessidade do momento.

Deixe-me ver se posso dar uma ideia de como o trabalho era realizado. Para começar, havia a revista *Lucifer*, da qual ela era então a única editora. Em primeiro lugar, H.P.B. nunca lia um manuscrito, ela precisava vê-lo na prova e depois principalmente ela "avaliava" o seu conteúdo. O que lhe *era* peculiar era a preocupação com a extensão da cópia, e ela costumava contar laboriosamente o número de palavras em cada artigo, e nunca ficava convencida da precisão da minha contagem quando eu, por minha iniciativa, "calculava a média" da extensão. Se eu sugerisse que o meu era o método mais rápido, ela passava a me dizer algumas verdades acerca da educação em Oxford e Cambridge, e muitas vezes pensei que ela continuava com seus métodos primitivos de contagem aritmética com o propósito de me curar da minha impaciência e da minha confiança em minha própria superioridade. Outra grande coisa foi a organização dos diferentes artigos. Naqueles dias, ela nunca confiaria isso a nenhuma outra pessoa, e a mensuração de tudo foi uma operação dolorosa.

Aprontar *Lucifer* para a gráfica era invariavelmente uma correria, pois geralmente ela escrevia seus editoriais por último e, acostumada a isso, considerava os tipógrafos, caso houvesse, os responsáveis pelo atraso na publicação da revista. Mas tudo logo mudou quando Annie Besant se tornou coeditora, e H.P.B. descobriu que não era necessário fazer tudo sozinha.

Então havia a correspondência, bastante volumosa sob todos os aspectos, vinda de todas as partes do mundo e, verdadeiramente, de "todos os tipos e condições de homens" e mulheres. H.P.B. era muito lacônica, às vezes até epigramática, em suas instruções de como respondê-las, e gradualmente ficou ainda mais calada, de sorte que eu frequentemente tinha de arriscar o seu descontentamento ao pressioná-la por uma resposta, ou ao tentar persuadi-la a responder alguma carta de grande importância. Era relativamente fácil manter a correspondência da manhã guardada em segurança, mas as cartas enviadas por postagens posteriores constituíam uma dificuldade, porque H.P.B. negava rigorosamente todo o acesso ao seu quarto e, para compensar isto, costumava guardar com cuidado as cartas importantes em esconderijos, para entregá-las a mim depois, enquanto deixava o resto à sua própria sorte. Não era um bom plano, pois ela quase sempre esquecia dos seus esconderijos e muitas vezes não conseguia resgatar, de forma alguma, o resto de seus manuscritos perdidos, pois ela não deixava ninguém tocar no trabalho em que estava efetivamente envolvida, e então eles seriam respondidos quando finalmente achados, em alguma data distante. Mas gradualmente também descobrimos melhores métodos e, posteriormente, não tive que jogar tantos jogos de esconde-esconde.

A primeira hora da manhã após o desjejum, durante esses dois anos, permanecerá sempre para mim como uma lembrança agradável. Tudo era tão pouco convencional. Costumava sentar-me no braço de sua grande poltrona e fumar obedientemente o cigarro que ela me oferecia, enquanto abria as cartas, dizia-me o que desejava que fosse feito e assinava diplomas e certificados, estes últimos, no entanto, sob grande pressão, pois detestava tal trabalho sistemático. Foi emocionante e instrutivo também, pois em nossa grande Sociedade (Teosófica), sempre houve crises de maior ou menor gravidade. As muitas disputas vinham a ela para um acordo, e os muitos ataques tiveram de ser enfrentados e neutralizados por ela. Foi assim que aprendi muito sobre o caráter humano e sobre o trabalho interno da Sociedade e como a vida nela dependia de H.P.B. Muitas evidências tive também de sua pródiga generosidade, e muitos presentes levei a um pobre teósofo ou usei para fins teosóficos, sob promessa estrita de sigilo, embora assim ela frequentemente chegasse ao fundo do poço dos seus "recursos materiais".

Apesar de H.P.B. deixar boa parte de sua correspondência aos meus cuidados, ainda assim eu não ficava sem uma evidente supervisão, pois de repente ela perguntava por uma resposta ainda não enviada, ou por cópia de uma carta antiga, sem aviso prévio, e se houvesse algum erro, as palavras a mim endereçadas não eram tranquilizadoras, para o meu desconforto. Uma coisa ela estava sempre imprimindo em mim, desenvolver um sentido de "adequação das coisas", e ela era impiedosa se esta lei de harmonia fosse quebrada, não deixando meios de fuga ou a possibilidade de ouvir desculpas, com sua razão e conhecimento avassaladores que, apesar de sua expressão aparentemente desligada, sempre surtia efeito; embora, de fato, no minuto seguinte mostrava-se novamente a amiga afetuosa e a irmã mais velha, devo até dizer, camarada, como somente ela soube ser.

Uma das maiores provas para mim dos extraordinários dons e habilidades de H.P.B., se fosse necessária uma prova diante da sinceridade manifesta de sua vida, era a maneira como ela escrevia seus artigos e livros. Eu conhecia todos os livros que ela tinha em sua pequena biblioteca e, no entanto, dia após dia, ela produzia quantidades de manuscritos abundantes em citações, que raramente eram imprecisas. Recordo um dos últimos dias em que ela sentou em sua escrivaninha, eu entrando no quarto para consultar duas palavras gregas de uma citação, dizendo a ela que estavam imprecisas. No entanto, embora H.P.B. em seus primeiros anos falasse grego moderno e houvesse aprendido grego antigo com sua avó, ela já havia esquecido a precisão dos termos há muito tempo, e a correção das palavras que apontei requeria estudo acurado. "De onde você tirou isso, H.P.B.?", eu perguntei. "Tenho certeza de que não sei, meu caro", foi sua réplica um tanto desanimadora, "eu a vi!", acrescentando ter certeza de que ela estava correta, pois agora se lembrava de quando havia escrito a específica passagem mencionada. Porém, convenci-a de que tinha algum erro e, finalmente, ela disse: "Bem, é claro que você é um grande especialista em grego, eu sei, mas você não vai sempre me sobrepujar. Vou tentar vê-las novamente, e agora saia", o que significava que ela queria continuar com seu trabalho, ou de qualquer forma, já tinha suportado o suficiente de mim. Cerca de dois minutos depois, ela me chamou novamente e me apresentou um pedaço de papel no qual havia escrito as duas palavras corretamente, dizendo: "Bem, suponho que você será o maior especialista que já existiu, depois disso!"

O caso acima é um exemplo dentre muitos, mas será pouco proveitoso narrá-los, pois não significam nada para ninguém além da testemunha, e o público está bastante satisfeito com sua própria infalibilidade de julgamento e prefere permanecer míope.

Nas noites, H.P.B. gostava de reunir os membros da casa em sua volta e fazia o melhor para nos forçar a abandonar o trabalho por um par de horas. Ela mesma fazia uso do seu eterno jogo de paciência, que ocasionalmente variava com o jogo de cartas *whist*[18]. Muitos questionaram por que H.P.B. sempre "lançava suas cartas" à noite, e aqueles de nós que aprenderam por experiência que H.P.B. nada fazia sem uma razão, deduziram logicamente que também havia uma para as cartas. A noite era hora de anedotas, opiniões sobre o Ocultismo, uma infinidade de informações úteis. Não havia, contudo, nenhuma ordem nisso e ninguém podia contar com isso ou aquilo, ou obter uma resposta para uma pergunta. Tínhamos de aguardar a oportunidade, e nunca nos arrependíamos da espera quando ela se apresentava.

Quando nos transferimos para nossa Sede atual, muitas coisas foram mudadas. Olhando para trás, agora parece quase como se H.P.B. tivesse recebido treinamento para nos deixar a qualquer momento, embora aparentemente estivessem sendo feitos preparativos nos quais ela própria e sua contínua permanência conosco fossem os principais fatores.

---

18 *Whist* é um jogo de cartas de duas duplas, com parceiros frente a frente. (Nota Ed. Bras.)

Desde que foi para Brighton, no início do ano passado, ela sofreu mais cruelmente em seu corpo físico, e foi incapaz de trabalhar como costumava. Mas sempre vivemos com grandes expectativas de sua recuperação, pelo menos a seu habitual estado de saúde. Na Lansdowne Road, ela costumava ter o prazer de receber visitantes, e quase todas as noites eles vinham vê-la. Mas na Avenue Road ela gradualmente começou a se isolar mais e mais, de modo que frequentemente não recebia nem mesmo os membros da casa à noite, a menos que ela especialmente os chamasse. Então novamente ela ficou estranhamente quieta, raramente mostrando a grande energia que era sua característica peculiar. Ainda a mesma vontade indomável estava lá, embora seu corpo estivesse desgastado, pois ela trabalhou em sua escrivaninha mesmo quando deveria estar na cama, ou em seu caixão. Na exata noite antes de nos deixar, ela insistiu em ir para sua sala de trabalho e jogar suas cartas. Foi realmente um último e supremo esforço de vontade, pois estava tão fraca que mal podia falar ou levantar a cabeça. E assim a gripe reivindicou sua maior vítima. Esta pelo menos é a opinião de quem considera sua principal honra ter sido o último dos Secretários Particulares de H.P.B.

G.R.S. Mead

Membro da Sociedade Teosófica

12

O que ela significa para mim

Há dois anos Annie Besant e eu vimos H.P.B. pela primeira vez, e agora não faz muitos dias desde que eu fiquei ao lado do caixão coberto de lírios e olhei pela última vez a personalidade da mulher maravilhosa que havia revolucionado a vida da minha colega e também a minha. Dois anos são tão pouco como medida de tempo dos homens, mas esses dois foram tão férteis de vida espiritual que os velhos tempos antes deles parecem estar em eras distantes. Se é verdade que a vida deve ser contada por épocas da mente, então a vida, desde o dia em que apertei a mão de H.P.B. até o momento quando, majestosa em seu sono mortal, ajudei a engrinaldar seu corpo com folhas de palmeiras do longínquo Oriente que ela tanto amava, foi mais rica, mais plena, mais longa para mim do que a formação de turbulência no exterior, que dura um curto tempo e então se vai. Fui até ela como um materialista, ela me tornou um teósofo, e entre essas duas condições há um grande abismo. Sobre esse abismo ela construiu uma ponte. Ela era minha mãe espiritual, e nunca um filho teve uma guia mais amorosa, mais paciente, mais sensível.

Eram os velhos tempos da Lansdowne Road (Avenida). Aborrecidos com problemas da vida e da mente que nosso materialismo não poderia resolver, vivendo intelectualmente no que agora para nós são as margens inóspitas do agnosticismo, Annie Besant e eu sempre ansiávamos por mais luz. Nós tínhamos lido o *Mundo Oculto*[19] e, nos últimos anos, havíamos ouvido falar — quem não havia? — da mulher estranha, cuja vida parecia ser uma contradição de nossas teorias mais queridas, mas até então a filosofia do livro era para nós apenas uma afirmação, a vida da mulher uma carreira que não tínhamos meios de examinar. Céticos, críticos, treinados por longos anos de controvérsia pública a exigir a prova científica mais rígida das coisas que estavam além de nossa experiência, a Teosofia era para nós uma desconhecida e, como então se apresentava, um terreno impossível. No entanto nos causava fascínio, pois prometia muito, e em razão de conversas, de leituras, a fascinação cresceu. Com ela também cresceu o desejo de saber, e assim, numa noite a ser lembrada, com uma carta de apresentação do Sr. W.T. Stead, então editor da *Pall Mall Gazette*[20], como nosso passaporte, encontramo-nos cara a cara, na sala do endereço 17, Lansdowne Road, com a mulher que depois aprendemos a conhecer e amar como a mulher mais maravilhosa do seu tempo.

---

19 *O Mundo Oculto*, Alfred P. Sinnett. Brasília: Editora Teosófica, 2000. (Nota Ed. Bras.)

20 *The Pall Mall Gazette* foi um jornal noturno fundado em Londres em 7 de fevereiro de 1865 por George Murray Smith; seu primeiro editor foi Frederick Greenwood. (Nota Ed. Bras.)

Não fui tolo o suficiente para procurar milagres, não esperava ver Madame Blavatsky flutuar, nem ansiava por xícaras de chá materializadas, mas eu queria ouvir sobre Teosofia, e não ouvi muito. Aquela que estávamos lá para conhecer era uma senhora robusta e pesada, jogando "paciência" russa e mantendo um fluxo de conversa sobre quase todos os assuntos, exceto aquele que se encontrava então mais próximo de nossas mentes. Nenhuma tentativa de proselitismo, nenhuma tentativa de nos "endireitar" (*não* estávamos hipnotizados!), mas durante todo o tempo os olhos maravilhosos estavam irradiando luz e, apesar da enfermidade corporal que já se mostrava dolorosa, havia uma reserva de energia que dava a impressão de estarmos vendo não a mulher real, mas apenas o caráter superficial de alguém que teve de suportar duras provas e que muito sabia.

Tentei manter uma mente aberta e imparcial e acredito que consegui. Estava sinceramente ansioso para aprender, mas era crítico e vigiava a mais leve tentativa de enganar. Quando depois tomei conhecimento sobre o extraordinário *insight* de H.P.B., não fiquei surpreso ao descobrir que ela havia aferido com precisão infalível minha atitude mental nessa primeira visita, e é uma atitude que ela nunca realmente desencorajou. Se aqueles que falam tão tolamente sobre ela haver magnetizado pessoas apenas soubessem como ela continuamente nos imprimiu o dever absoluto de provar todas as coisas e de nos ater apenas ao que é bom!

Ir uma vez era ir novamente, e aconteceu que, depois de algumas visitas, comecei a ver a luz. Percebi vislumbres de uma elevada moral, de um zelo abnegado, de uma filosofia coerente da vida, de uma ciência clara e definitiva do homem e de suas relações com um universo espiritual. Foi isso que me atraiu — não fenômenos, pois não vi nenhum. Pela primeira vez na minha história mental encontrei uma professora que poderia pegar os fios soltos do meu pensamento e satisfatoriamente tecê-los em um todo, e a habilidade infalível, o vasto conhecimento, o amor, a paciência daquela professora cresciam em mim hora após hora. Rapidamente aprendi que a chamada charlatã e trapaceira era uma alma nobre, cujos dias eram gastos em trabalho altruísta, cuja vida inteira era pura e simples como uma criança, que nunca media o custo da dor ou do trabalho árduo se estes pudessem fazer avançar a grande Causa pela qual ela consagrou toda a sua energia. Clara como o dia até certo ponto, ela era a encarnação da bondade — silenciosa como a sepultura se necessário, era a personificação da severidade ao menor sinal de falta de fé no trabalho que era sua vida. Grata, tão agradecida por toda atenção afetuosa, descuidada, tão descuidada de tudo que a ela se referia, construiu um vínculo conosco, não simplesmente como professora sábia, mas como amorosa amiga. Certa vez, fui submetido a uma longa tensão corporal e mental, e as rodas da minha vida correram com tanta força que quase pararam. Em tudo isso, sua solicitude foi incansável, e uma prova especial que ela deu, pessoal demais para mencionar aqui, teria sido imaginada, talvez, por um em um milhão.

Perfeita — não: falhas — sim; a única coisa que ela odiava era o elogio indiscriminado de sua personalidade. Mas quando eu disse que ela era às vezes impetuosa como um redemoinho, um verdadeiro ciclone quando realmente entusiasmada, eu havia dito quase tudo. E sempre imaginei ser mais que possível que alguns desses repentes tenham acontecido com um propósito específico. Mais tarde eles quase desapareceram. Seus inimigos às vezes diziam que ela era dura e grosseira. Nós, que a conhecíamos, sabíamos que uma mulher mais insólita, no sentido literal da palavra, jamais viveu. Sua absoluta indiferença a todos os modelos externos era uma indiferença verdadeira, baseada em seu conhecimento espiritual interior das verdades do Universo. Sentado ao seu lado, quando estranhos chegavam, como fizeram oriundos de todos os cantos da Terra, sempre presenciei como a maior diversão como eles ficavam maravilhados em ver uma mulher que sempre dizia o que pensava. Fosse um príncipe o visitante e ela provavelmente o chocaria, fosse o visitante um homem pobre e ele teria o último xelim dela e sua palavra mais gentil.

Como tudo isto é pouco em informação, eu o sei muito bem. Da verdadeira H.P.B. nós só apreendemos ocasionais vislumbres e, portanto, necessariamente somos jogados de volta para o lado humano de sua vida, aquele que mais agrada ao humano em nós. De seu vasto e profundo conhecimento, não é hora de falar e, se fosse, como alguém poderia falar? Somente seus sussurros chegavam até nós, mas, se ondas fossem... formariam um verdadeiro oceano. Provavelmente nunca saberemos todo o porquê e a razão de sua recente encarnação. Em 1889, Annie Besant e eu estávamos com ela na França, na Floresta de Fontainebleau, e enquanto lá estava, ela revisou conosco parte do manuscrito de *A Voz do Silêncio.* Voltando àquele tempo, lembro que as passagens mais impressionantes foram aquelas que descrevem a penosa ascensão da alma peregrina. Na cópia do livro com que ela me presenteou, e que nunca me deixará, escreveu: "Para Herbert Burrows, meu velho amigo em outra e melhor encarnação, de sua sempre amorosa H.P.B.". Pode ser que nessas palavras esteja parte da chave da vida que conhecemos.

Seja como for, a verdadeira chave para nós é o exemplo de seu autossacrifício devocional ao seu trabalho. Essa é a nota que soou nos corações da multidão silenciosa que ontem se reuniu, pela última vez, ao redor do corpo de sua amada instrutora. Esse corpo desapareceu da nossa vista, mas o trabalho permanece. Nenhum grande pensamento pode morrer, nenhum grande esforço para a humanidade pode cessar, mas o pensamento e o esforço podem ser acelerados por um serviço fiel à humanidade. Mais do que nunca, agora é necessário esse serviço, e aqueles que leram corretamente a lição da vida de H.P.B. prestarão esse serviço de maneira irrestrita, sem má vontade, se necessário até o amargo fim.

Herbert Burrows
Membro da Sociedade Teosófica

13

Professora e Amiga

Meu primeiro contato com Madame Blavatsky teve relação com o assunto sobre Ocultismo Ocidental, durante o ano de 1887.

Muitas vezes desejei vê-la, e propus a mim mesmo uma maneira que pudesse satisfazer esse desejo, sem, de forma alguma, transgredir o leve conhecimento que eu tinha da famosa autora de *Ísis sem Véu*. Alguns meses se passaram e, por razões em que um temperamento recluso encontrou algum tipo de consolo, eu ainda não tinha visto Madame Blavatsky. Diariamente me correspondia com membros da Sociedade Teosófica e outros interessados nos assuntos especiais de sua investigação, e todos os dias o fato de eu não haver conhecido a principal causa do renascimento ocultista do século XIX estava se tornando cada vez mais uma fonte de aborrecimento para mim. Muito inesperadamente, e para minha grande satisfação, o assunto tomou forma. Uma carta de um amigo de Londres me informou que ele havia arranjado com alguns amigos para que nos encontrássemos na casa dele, a fim de discutirmos alguns dos problemas em que estávamos mutuamente interessados, e que se eu fosse à cidade naquela noite, ele me levaria para ver "H.P.B." no dia seguinte.

Fui até lá — não para ver meus amigos, nem discutir problemas —, mas com a única ideia e propósito de ver "H.P.B. Naquela noite, parecia que o tempo havia parado com o propósito especial de rir da minha impaciência. Por fim, porém, o dia amanheceu e se transformou num belo dia de verão, e por volta do meio-dia encontrei-me com meu amigo na casa de Notting Hill, de onde, informou-me ele, toda a vida da Sociedade Teosófica havia iniciado[21]. Ao entrarmos, foi-nos mostrada a sala de estar, pelo menos eu presumi que fosse essa a sua denominação, embora nunca tenha visto, nem esperava ver, outro cômodo como esse. Não. Eu estava enganado, pois alguns segundos depois, em resposta a uma saudação familiar do meu amigo, H.P.B. levantou-se de sua escrivaninha, onde ela tinha sido escondida por uma poltrona invulgarmente grande, e veio nos receber.

Os maiores e mais brilhantes olhos azuis que já vi se abriram amplamente sobre mim quando ela pegou minha mão e me deu as boas-vindas. Toda a confusão que eu tinha secretamente previsto fugiu de mim em suas primeiras palavras. Senti-me em casa e à vontade com H.P.B. imediatamente. "Não, eu não serei chamada 'Madame', não pelo meu melhor amigo, nada foi dito sobre isso quando

21 Refere-se a Londres quando tiveram início os primeiros dias da S.T. na Inglaterra. (Nota Ed. Bras.)

fui batizada, e, por favor, serei simplesmente H.P.B. Sente-se lá: você fuma, é claro: vou lhe preparar um cigarro. E_____[22] você aí desatinado, (isso para o meu amigo), se puder achar a minha caixa de tabaco naquele lugar lá, confundirei você com um cavalheiro." Em meio a risadas, brincalhonas e alegres como as de uma criança, ela me explicou que E_____ e ela eram "velhos amigos" e que gostava muito dele, mas que ele frequentemente "se aproveitava da velhice e inocência dela" e, em meio a algumas réplicas, o tabaco foi trazido e H.P.B. preparou cigarros para cada um de nós. Em seguida, decidimos conversar mais seriamente, H.P.B. me perguntando sobre os meus estudos de Teosofia e Ocultismo Ocidental, e me falando do sucesso do movimento teosófico, e como as pessoas diziam isso e aquilo, e como os jornais diziam muito mais, e que tudo estava errado porque não entenderam, e tinham esquecido seus livros de história e não conseguiam ver para onde se dirigia o movimento. E então ela me pediu para lhe contar sobre mim, me deu alguns conselhos práticos e logo depois eu me despedi da pessoa mais interessante que jamais havia visto.

Tais foram as circunstâncias que levaram ao meu entendimento pessoal com minha amada e reverenciada professora e amiga. Fiquei muito impressionado com tudo o que tinha ouvido e visto durante minha breve visita ao lar dos teósofos, e as impressões que mais vividamente me recordo da própria H.P.B. foram seus modos de insuperável bondade, sua destemida sinceridade, sua notável vivacidade e, acima de tudo, o entusiasmo com que falou da obra a qual apresenta perante à Sociedade Teosófica. Quando, muitos meses

22 Não é mencionado o nome desse "misterioso" amigo. (Nota Ed. Bras.)

depois, foi sugerido que eu fosse morar na Sede de Londres e depois em Lansdowne Road, fiquei muito feliz em fazê-lo: na verdade, eu teria ido a qualquer lugar para vivenciar mais diretamente a forte e pura influência do exemplo e do ensino de H.P.B. As impressões que tive inicialmente do seu caráter permaneceram inalteradas durante toda a minha pessoal interação com ela, até a sua morte. Em todas as minhas dificuldades, seja no estudo ou no trabalho, sempre encontrei nela uma conselheira sábia e uma forte guia. Na doença ou na tristeza, ela sempre foi gentil, prestativa e tranquilizadora; em suma, ninguém nunca preencheu minha vida com a dupla qualidade de amiga e professora, como ela o fez, e não há para quem minha gratidão flua tão prontamente.

Eu disse que H.P.B. era entusiasmada em sua devoção à Causa a qual teve a honra de representar para o mundo. Ninguém que teve o privilégio de trabalhar com H.P.B. poderia alimentar qualquer dúvida sobre essa sua característica. Uma de suas primeiras cartas para mim, escritas em sua peculiar maneira estrangeira, informava-me que "o primeiro volume de meu livro (*A Doutrina Secreta*) está no prelo, e eu tenho levantado às cinco horas da manhã nesses últimos dias". Seus poderes de resiliência eram iguais, em todos os aspectos, ao seu grande senso de devoção. Ela era uma trabalhadora incansável. Eu a vi em sua escrivaninha tão cedo quanto seis horas da manhã, e muitas vezes, nos dias mais frios de inverno, várias folhas tinham passado sob sua caneta antes que ela tomasse o café da manhã. Sua dedicação e tenacidade foram muitas vezes uma fonte de admiração para mim, especialmente quando verifiquei que uma grande parte de sua vida tinha sido gasta na agitada excitação de viagens e aventuras. Quaisquer que sejam os respectivos méritos das muitas causas pelas quais homens e mulheres trabalharam e morreram, certo é que nenhum deles serviu com mais fervor, persistente e dolorosamente, que H.P.B. serviu à Teosofia. Na noite anterior à sua partida, ela esteve em sua escrivaninha por alguns minutos organizando a última disposição de seus papéis; descansava sobre a escrivaninha um editorial semiconcluído, quando, pela última vez, ela colocou sua caneta de lado para ir para seu descanso final. Eu estava presente em sua partida, sua mão direita ficou fria contra a minha. Não tentarei descrever meus sentimentos quando a consciência da nossa perda, temporária quanto pudesse ser, surgiu em minha mente. Esses momentos de dor intensa, quando autocompaixão e alegria, pelo descanso que tinha vindo para aquela que amei, dilaceraram meu Ser em dois com sua disputa feroz, permanecerão para sempre entre as memórias sagradas de minha vida.

As últimas palavras de sua caneta foram em defesa da verdade para a qual ela tinha vivido; seus lábios moribundos expressaram palavras de encorajamento para aqueles a quem o principal trabalho deveria recair após sua partida. Embora muitos no mundo exterior tenham negado sua honestidade de propósito, a qual seria a primeira coisa a reivindicarem a si mesmos, e apesar de seus esforços incansáveis pela causa da Verdade terem sido retribuídos com calúnias, escárnios e zombarias da multidão superficial, e, apesar de sua amizade haver sido traída pela vaidade ferida de algumas personalidades fracas, ela não foi contida em seu propósito, e para além da crença e desejo de todos os seus adversários, foi bem-sucedida na tarefa que havia empreendido, face a tão enorme desencorajamento. Aqueles, pelo menos, que viveram com ela, e melhor a conheceram, podem dizer quão pura e altruísta foi toda sua natureza, e o quanto foram inspiradores seus ensinamentos e seu exemplo. Nada que eu possa dizer poderia acrescentar algo à beleza e à pureza de seu inato caráter, e é somente com um sentimento de grata devoção e dever que escrevo esta singela homenagem à memória da minha maior amiga.

Walter R. Old

Membro da Sociedade Teosófica

14

H. P. Blavatsky como vista através de seu trabalho

Tendo ingressado na Sociedade Teosófica em 1878, justamente quando Madame Blavatsky e o coronel Olcott estavam deixando os EUA e partindo para a Índia, e tendo seguido a sorte da Sociedade desde então com crescente interesse até o momento da morte de H.P.B., ocorreu-me que as razões que me levaram, passo a passo, até o presente, podem ser do interesse dos leitores de *Lucifer*. Não é meu objetivo escrever nem mesmo um epítome do movimento teosófico, ou tentar mostrar as relações de Madame Blavatsky com isso, mas sim apresentar uma visão distanciada da professora, como vista em seu trabalho, e mostrar como sua Causa e objetivo podem ser discernidos a partir daí.

Chegando às doutrinas da S.T. a partir da comunhão protestante ortodoxa por meio da familiaridade com a ciência moderna, e de filósofos como Herbert Spencer, esses estudos foram imediatamente seguidos pelo exame de escritores místicos, como Jacob Böhme, quando nesse momento minha atenção foi atraída para *Ísis Sem Véu*.

O resultado de todos os estudos anteriores foi muito insatisfatório. Os velhos credos religiosos e interpretações teológicas do Cristianismo haviam sido totalmente repudiados; e como o materialismo, para o qual a ciência moderna obviamente se dirigia, era ainda menos satisfatório para dar sentido à vida, à natureza e ao destino do homem, persistiu em mim um sentimento de que devia haver, afinal, um elemento de verdade e um propósito benéfico nas antigas religiões. Estava ainda à procura sincera daquilo que sempre fui incapaz de encontrar, e ainda assim, senti que esse algo deveria existir em algum lugar.

Tive em mãos, por duas ou três vezes, um dos volumes de *Ísis*, apenas para abandoná-lo, desanimado com a ideia de que deveria ler integralmente para saber o que continha, a vida me parecendo, à época, muito curta, e o tempo sempre precioso. "Esquadrinhar" esses livros às pressas e obter, como eu costumava fazer com outros volumes, uma boa ideia geral de seu conteúdo, parecia impossível. Certo dia, eu abri o primeiro volume, "Ciência", e certas referências aos maçons prenderam minha atenção. Continuei a ler e sempre com crescente interesse. Antes de ler até o fim do livro, comecei a procurar alguma pista sobre o autor. Quem era "H. P. Blavatsky"? Havia encontrado nos volumes certas referências a uma "Sociedade Teosófica". O que era Teosofia e quais objetivos tinha a Sociedade em vista? Por fim, meu interesse se tornou tão grande que escrevi uma carta-consulta ao editor, o Sr. Bouton, e o resultado foi a mais gentil e cortês resposta da própria H. P. Blavatsky. Uma carta-consulta mais específica foi seguida de outra resposta gentil e de minha filiação à Sociedade.

Logo depois de chegar à Índia, H.P.B. escreveu-me novamente a respeito do *The Theosophist,* quando acabara de ser publicado seu primeiro número, e me pediu para responder quaisquer ataques ou deturpações sobre a S.T. A partir desse momento até sua residência na Avenue Road, ela me escreveu em longos intervalos de tempo, sempre que necessário.

Obtendo, a partir de pistas dadas em *Ísis*, uma ideia mais definida daquilo para o qual havia tanto tempo pesquisado, como também suas características em várias direções, logo aprendi a marca do verdadeiro ocultista, ou seja, a ausência de todo egoísmo. Sempre que encontrei um escritor explorando uma doutrina em busca de fama ou lucro pessoal, aprendi primeiro a desconfiar e, finalmente, a descartá-lo. Ao aplicar esse teste em H.P.B., como fiz desde o começo, encontrei-a em face ao seu imenso conhecimento jamais egoísta, e não apenas em todos os sinais e em todas as informações, livre de todo orgulho ou ambição pessoal, mas rejeitando tudo a ela oferecido como adulação ou lucro. Se alguém a chamasse de grandiosa ou sábia, ela respondia: "Sou apenas a serva dos Mestres, que são realmente grandiosos". Antes de deixar os EUA, tornou-se cidadã norte-americana naturalizada e, ao fazê-lo, perdeu sua pensão do governo russo. A despesa de fundar a Sociedade, de mudar sua Sede para a Índia, de iniciar o *The Theosophist* e de muitos outros itens, foi em grande parte financiada por H.P.B. e pelo coronel Olcott, enquanto que, ao mesmo tempo, pequenas mensalidades e taxas referentes a diplomas etc. eram todas recolhidas à tesouraria da Sociedade. Nunca a vi solicitar dinheiro de alguma forma, mesmo para a propaganda, e sempre que presentes em dinheiro lhe foram ofertados, invariavelmente foram para o fundo geral da Sociedade.

Narro aqui esses assuntos, embora sejam geralmente conhecidos, porque com o passar dos anos eles apresentaram confirmação adicional de que aqui não havia nenhuma egoísta, nenhuma "aventureira", mas uma trabalhadora em prol da verdade e da humanidade, que se dedicou por inteira ao seu trabalho. Essa cadeia de evidências, começando pela fundação da Sociedade e terminando apenas em seu último suspiro, é ininterrupta. Nunca presenciei uma mínima evidência em contrário, embora pessoas ignorantes e inescrupulosas tenham feito todo tipo de acusações infundadas e absurdas contra ela.

Considero essa linha de evidência de grande importância, porque todos os outros movimentos dos tempos modernos que alegam trabalhar em linhas semelhantes, com os quais estou familiarizado — e conheço muitos pessoalmente e intimamente — estão propensos à exploração via cobrança de dinheiro e engrandecimento pessoal. H.P.B. às vezes afirmava que algumas dessas organizações haviam roubado a vestimenta característica da Teosofia com a finalidade de auferirem lucro; e, em muitos casos, assumindo suas posturas como verdadeiras, e me reservando o direito de me retirar, se viesse a verificar serem elas falsas, juntei-me a elas com o objetivo de saber se eram realmente verdadeiras e se estavam trabalhando desinteressadamente em linhas teosóficas. Em todos os casos, suas proclamações eram falsas, e sua alardeada sabedoria uma ilusão e uma armadilha. Uma dessas sociedades era capitaneada por um criminoso condenado, com grandes pretensões e manuscritos "emprestados" dos "restos literários" de P. B. Randolph. O teste que mencionei na parte inicial deste relato é infalível, e aqueles que são inexperientes em tais assuntos, farão bem em ter isso em mente. O verdadeiro professor de sabedoria secreta que realmente visa a melhoria do homem, nunca é egoísta, ambicioso, mercenário ou oportunista. Por catorze anos eu apliquei esse teste em H.P.B., tendo como resultado a confirmação de todas as minhas impressões anteriores. Ela sacrificou fortuna, fama, saúde e, finalmente, a própria vida, por uma ideia, e essa ideia foi, a todo custo, o ensino das verdades da Teosofia em benefício da humanidade.

Examinando agora o seu ensinamento; os que acusaram seus seguidores — aqueles que estavam contentes por serem ensinados e liderados por ela — de credulidade tola ou fanatismo cego, são invariavelmente os que falam sem conhecimento, e difamam sem evidência.

Se examinei seu método e motivo, também examinei criticamente os motivos de seu conhecimento e a evidência de suas declarações. Todos que leram suas obras maiores, mesmo por curiosidade ou interesse literário, comentaram as quase inúmeras referências a muitos livros em várias línguas e escritos em quase todas as eras. Profundo, de fato, seria o conhecimento e inestimável a oportunidade daquele que tenha a capacidade e a oportunidade de verificar todas essas referências. Poderá ele, de fato, encontrar aqui e ali imprecisões; o que nos encanta é saber que essas referências foram feitas *aparentemente* de memória, pois é bem-sabido que ela possuía apenas poucos volumes de qualquer tipo ao seu alcance e, durante meses seguidos, nunca saiu da casa onde residia. Felizmente, possuo uma das maiores bibliotecas de livros ocultistas e raros dos EUA e, à medida que meus estudos progrediam, continuei comprando livros aos quais ela fazia referência em *Ísis*, em *A Doutrina Secreta* e em seus quase incontáveis ensaios transcendentais, com o objetivo de verificar suas afirmações, bem como para futuras pesquisas. Por meio das pistas assim fornecidas por seus escritos, eu estava quase que inconscientemente reunindo um cabedal de testemunhos em apoio à antiga religião da sabedoria. Supondo-me, então, um indivíduo de razoável inteligência, capaz de estimar evidências e leal em todos os momentos à verdade simples, pude me comprometer a apoiar a maior parte dos ensinamentos de H.P.B. fundamentado em esmagadores testemunhos externos.

Há também outra linha de evidência totalmente diferente; já no início deste relato, referi-me aos maçons. Foi nesse ponto que primeiramente me vi atraído pelos escritos de H.P.B. e ingressei na Sociedade; eu tinha passado por trinta e dois graus da Maçonaria, e percebera que aqui, como nas religiões ortodoxas, estava faltando algo. Havia, de fato, tradições de "Marcos Antigos", e que a Maçonaria havia sido originalmente concedida ao homem "pelo próprio Deus", mas o que realmente eram essas marcas antigas ou como e quando o G.A.D.U.[23] as havia revelado ao homem, não se podia encontrar em lugar algum.

Em outras palavras, havia evidências de glifos e o significado de simbolismo; e aqui, minha primeira pista real foi derivada

23 G.A.D.U. - Grande Arquiteto do Universo. (Nota Ed. Bras.)

de H.P.B. Um amigo meu, que provavelmente fez mais descobertas na antiga Cabala do que alguém já conhecido nos tempos modernos e que havia dedicado mais de vinte anos a essa linha de trabalho especial, apresentou certa feita algumas perguntas sobre suas próprias pesquisas, e expressou a dúvida de que qualquer homem vivente pudesse responder às suas perguntas. Sugeri que escrevesse à H.P.B. em relação ao assunto, e, depois de algum adiamento, ele o fez. O resultado foram quase quarenta páginas de Manuscritos muito bem escritos, respondendo a todas as perguntas que ele levantou e acrescentando uma profusão de informações que surpreendeu o destinatário além de qualquer medida. Esse cavalheiro não é e nunca foi membro da S.T., mas até a presente data declara sua convicção de que H.P.B. foi a mais profunda e maravilhosa mulher desta ou de qualquer era. Ele, especialista durante metade de sua existência num campo obscuro e desconhecido, encontrou H.P.B. perfeitamente familiarizada com todo o seu trabalho.

Mas por que multiplicar evidências nesses aspectos tão familiares a todos que realmente têm algum conhecimento do assunto sobre o qual escrevo? Se tais métodos de exame, e esses testes constantemente aplicados durante catorze anos constituem um "seguidor cego" e um "entusiasta irracional", então sou tudo isso e muito mais. Minha não é a caneta a escrever uma biografia de H.P.B., nem para estimar o valor e a magnitude do seu trabalho. São estas apenas breves reminiscências pessoais de quem nunca a viu, e que não poderia, portanto, ficar sob seu magnetismo pessoal, nem ser de modo algum influenciado de forma equivocada pelo contato pessoal. Desde o começo tenho avaliado o trabalho de H.P.B. *em si mesmo*, bem como mediante todos os testes e comparações, o que permitiria que seu mérito permanecesse incólume ou caísse. É hora de todos aqueles interessados nos ensinamentos e no trabalho da S.T. aplicarem esse método discriminatório e, sendo o discípulo realmente sério e estando ele pronto para concordar com a verdade, com seu próprio valor intrínseco, o resultado será a certeza. Não existe registro algum de uma instrutora de tal valor, no mundo ocidental, desde que emergiu do barbarismo a nossa pretenciosa "civilização".

Se é apenas para julgar uma árvore por seus frutos, um personagem por seu serviço à humanidade, e uma personalidade por seu autoesquecimento, então H. P. Blavatsky será em breve reconhecida por seu verdadeiro caráter e colocada entre as benfeitoras da humanidade.

Sua missão permanece com a Sociedade que ela fundou. Se seus membros não apreenderam sua missão, então, de fato, estudaram inutilmente, e ela imaginou algo em vão. Aqueles que mais receberam por meio de maiores oportunidades e do contato pessoal com a professora, têm o dever maior.

> "Não, ó candidato à herança secreta da Natureza!
> Se quiseres seguir os passos do santo Tathāgata,
> Esses dons e poderes não são para o *Ser*."[24]

24 Ver nota 17 (af. 80). (Nota Ed. Bras.)

Mas e se o discípulo provar ser descuidado e falso, e afastar-se na busca do *Self*? Os ensinamentos ainda permanecem, e discípulos mais verdadeiros ainda virão para continuar o trabalho dela. Um maremoto levantado por sua mão já varreu o mundo. Suas pulsações vibram em todas as artérias da vida. A Sociedade tem apenas que alimentar o corpo, já transfundido, com uma vida mais nova, para mantê-lo intacto como um todo e para atrair de fontes inesgotáveis que já se encontram sob sua guarda, para mover o mundo, como não foi movido por muitos exauridos séculos. *O núcleo de uma Fraternidade Universal* já está formado. Irá este centro *Laya*[25] elevar a humanidade e iluminar o mundo? H.P.B. não está morta. Não há morte. H.P.B. disseminou sua vida para dentro da Sociedade Teosófica, obrigando-a novamente a difundir seu fluxo vital para toda alma que respira; adicionando sua força vital à dela, e assim a *transmitindo*, envolvendo todos; esclarecendo tudo; resgatando a todos do egoísmo e do pecado. A "Morte" foi o seu feito mais heroico. Sela e significa vida renovada. Até agora recebemos; agora devemos dar. Até agora aprendemos; agora, como ela, devemos ensinar. A colheita está pronta, e os ceifadores *não* são poucos, e o grão de ouro não cairá de novo no chão, nem será devorado pelos animais dos campos e aves do ar, pois um exército de número tão grande que nenhum homem pode contá-lo está faminto e não pode esperar. Estão eles a esperar, sem atendimento algum, com os pés feridos e cansados da vida. Eles esperaram por

25 *Laya* é uma palavra derivada da raiz *li*, "dissolver", "desintegrar"; um ponto de equilíbrio (ponto zero ou neutro), em física e química. No ocultismo, é o ponto em que a substância torna-se homogênea e é incapaz de operar ou de se diferenciar. *Glossário Teosófico*, H.P. Blavatsky. Editora Ground, 3 ed. (Nota Ed. Bras.)

muito tempo, clamando por pão, e recebendo apenas uma pedra, e aqui está a Única Verdade que pode alimentar e satisfazer a alma faminta; a única verdade que até a última análise pode satisfazer a mente racional e dar nova vida e esperança ao coração triste da humanidade. Continuemos o trabalho de H.P.B.

J.D. Buck

Membro da Sociedade Teosófica

15

A opinião de um hindu sobre H.P.B.

[O artigo submetido não foi publicado em janeiro, porque H.P.B. era a Editora da Revista Lucifer; imprimo-o aqui e agora, dentre os muitos testemunhos de seu grande valor — Ed.]

Ao ler o artigo intitulado "*The Theosophical Society and H.P.B.*", de autoria da Sra. A. Besant, no número de dezembro da *Lucifer*, fiquei impressionado com várias coisas, e embora não possa expressar completamente minha opinião sobre tudo o que penso e conheço do assunto, ainda assim me sinto forçado a proferir algumas palavras sobre ele.

Não há a menor dúvida de que H.P.B. é uma mulher com misteriosos e maravilhosos poderes ocultos, e deve tê-los conseguido, acredito, com grande dificuldade e enormes desvantagens; hoje em dia é muito raro descobrir, ou seja, reconhecer um poderoso iogue na Índia e, especialmente, ter sucesso em obter dele qualquer coisa; ainda mais de uma mulher nascida na tribo *Mlecha*[26] (estrangeiros, bárbaros). Que, no entanto, de uma maneira ou de outra — como, é mais do que posso dizer — ela conseguiu obter a chave do verdadeiro hindu e, portanto, da subsequente Filosofia Secreta Budista, não pode haver nenhuma questão, nenhuma dúvida e nenhuma hesitação a esse respeito. Aquele que realmente entende alguma coisa sobre a sublime e misteriosa filosofia dos hindus — incluindo os próprios hindus — pode descobrir imediatamente o que ela sabe e o que ela é; não se faz *mister* a demonstração dos poderes ocultos dela para convencer essa pessoa. Algumas palavras sobre a verdadeira questão, ou melhor, apenas uma palavra e o sinal de um lugar específico, e ele sabe imediatamente o que ela é.

Não sou conhecido pela Sociedade Teosófica na Índia, Inglaterra ou EUA, embora conheça H.P.B. muito bem. Não sou russo, inglês ou norte-americano e, portanto, não tenho motivos mundanos para falar bem ou mal de uma pessoa, a menos que esteja completamente convencido de uma coisa ou de outra. Acrescente a isto a condição de eu ser hindu e brâmane da alta casta, e então você será capaz de julgar que motivo algum pode ter me instigado, *exceto a verdade*, a dizer uma palavra em favor de uma pessoa que, devo dizer, não faz justiça à filosofia dos meus antepassados, revelando-a aos *Ausoon* do

26 *Mleccha* (do Sânscrito védico *mleccha*, com o significado de "não Ariano, bárbaro") é um termo pejorativo que se aplicava aos povos que não agiam de acordo com as crenças e práticas usuais do hinduísmo. Fonte: Wikipédia. (Nota do tradutor)

Ocidente, que são *Mlechas* sob todos os aspectos, apesar de toda a sua civilização e ciência moderna.

Aqueles que chamam H.P.B. de "uma fraude" estão muito enganados, não a conhecem. Daria tudo o que tenho neste mundo para me tornar tal tipo de fraude, se alguém se apresentasse para me ensinar. Não é suficiente para os ocidentais saberem que um brâmane orgulhoso, que não sabe como curvar seu corpo diante de qualquer ser mortal neste mundo, exceto seus superiores nas relações ou na religião, junta as mãos como uma criança submissa diante da *Yogini*[27] branca do Ocidente? Por que, então? Porque ela não mais é uma mulher *Mlecha*; ela venceu essa etapa; e que todo hindu — o mais puro dos puros entre os brâmanes — ficaria orgulhoso e encantado em chamá-la hindu e mãe — não há dúvida sobre isso. A Índia não pode esquecê-la, não a esqueceu, e os hindus em breve, levarão sua *Yogini* de volta para a casa deles. Podem ser descuidados e ignorantes, mas certamente não são ingratos ou infiéis, como a maioria das pessoas civilizadas do Ocidente. Sinto muito pela conduta de alguns dos meus compatriotas equivocados, durante a farsa Coulomb no palco missionário na Índia, que por medo de divulgar os nomes dos iogues ao povo do Ocidente, não perderam tempo em esconder o fato, de modo a fazer crer que não havia iogues de verdade na Índia. Eu certamente não simpatizo com a ideia de publicar a Filosofia Secreta do Oriente para informação do povo do Ocidente, que não sente nada, a não ser desprezo e ódio por tudo chamado de oriental,

27 *Yogini* é uma terminologia que encontra referência em diversos textos relacionados ao Hinduísmo, onde seu significado literal é "sacerdotisa" ou buscadora da sabedoria. Refere-se a uma mulher dedicada à busca do conhecimento espiritual e da introspecção mística. (Nota Ed. Bras.)

especialmente indiano; pouquíssimas exceções poderão existir a esse respeito; mas há um consolo nisso; que esses livros são letras mortas para os *Saheb loks*, a menos que sejam totalmente explicados, e H.P.B. é a única pessoa que os pode explicar no Ocidente. Mas sinceramente espero que ela não abuse de sua autoridade, a menos que tenha o consentimento daqueles de quem ela recebeu. Como brâmane, sempre me oporia, e considero meu dever fazê-lo, à publicação das sublimes e secretas Verdades de minha religião e dos meus antepassados, especialmente quando destinada a pessoas cujo alimento é carne bovina, que bebem licores alcoólicos e que usam camas compostas de colchões de mola e plumas de aves.[28] Muito fácil é invejar os poderes possuídos por outros e desejar possuí-los; mas isso é muito, muito difícil de conseguir, mais difícil que a minha capacidade de expressar.

Rai B. K. Laheri

Membro da Sociedade Teosófica

28 Um verdadeiro hindu nunca se importaria com a civilização ocidental que, como uma cebola, apenas emite um cheiro forte, de tipo peculiar e muito provocador, de paixão, e não revela substância alguma, quando suas várias camadas são descascadas.

16

Como um agnóstico a conheceu

Da Londres velha e cinza fomos levados pelos campos verdes e através de grande número de árvores frutíferas, brancas como a vestimenta do Monte Soracte.[29] Naquele dia seguimos os restos mortais de Helena Petrovna Blavatsky para o crematório. Longe seguimos por planícies onde pastavam bois gordos que valeriam um holocausto digno de celebrar a vitória de Plateia, e através de uma sombria plantação de pinheiros resinosos que poderiam alimentar uma pira funerária para Pátroclo[30]. E do meio dos arbustos, os pássaros cantavam tão alegremente quanto no Éden, e as prímulas adornavam delicadamente as verdes encostas perfumadas, como nos

29 Ver Hor., Ode IX.

30 Na mitologia grega, Pátroclo ou Pátroklos é um dos personagens centrais da *Ilíada*, era filho de Menécio e amigo de infância, companheiro de guerra próximo de Aquiles. (Nota Ed. Bras.)

velhos tempos românticos, quando sustentaram os pés dançantes de Titânia e Oberon[31] sob a luz da lua.

E seguimos velozmente com a nossa falecida naquela tarde de céu azul, no mês de maio. Não carregávamos nenhum guerreiro para a pira. Não precisávamos de bois e pinho resinoso. Apressávamo-nos em direção a um forno mortuário mais intenso que um dia avermelhou os céus ao redor de *Ilium* ou que tornou *Gehenna*[32] horrenda devido à untuosa fumaça e ao odor de ossos fumegantes.

Seguíamos as chamas de um oráculo, uma esfinge ou uma sibila, ao invés de qualquer coisa que o mundo geralmente produz em suas aldeias e cidades comuns. Acompanhamos os restos mortais da menina excêntrica de Ekaterinoslav, que em núpcias tinha — como um capricho — amarrado seu selvagem e impetuoso jovem coração àquele de idade mansa e gelada; e desde então, em todos os reinos deste nosso planeta, ela pensou, labutou e sofreu, e foi incompreendida e caluniada. Ela sentia sua força e conhecia a fraqueza dos imbecis tagarelas que, segundo o censo, compõem os milhões da população de um país. Mabel Collins fala a verdade quando diz que Madame Blavatsky tinha um desprezo pela humanidade; mas esquece de dizer que era um desprezo afetuoso. Ela não era pessimista

31 Titânia e Oberon respectivamente rei e rainha dos duendes, elfos e fadas, são os dois principais personagens de William Shakespeare em sua obra *Sonhos de uma Noite de Verão*. (Nota Ed. Bras.)

32 Geena refere-se ao vale de Hinom, fora das muralhas de Jerusalém. Este vale era usado como depósito de lixo, onde se lançavam os cadáveres de pessoas que eram consideradas indignas, restos de animais, e toda outra espécie de imundície. Usava-se enxofre para manter o fogo aceso e queimar o lixo. Jesus usou este vale como símbolo da destruição eterna. Muitos associam a Gehena (Geena) com o Lago de Fogo de *Apocalipse* 20:14, que é dito significar a segunda morte. (Nota Ed. Bras.)

nem misantropa. Ela era simplesmente uma gigante honesta e romântica, que se comparou com os homens e mulheres com quem entrou em contato, e sentia o contraste, e não era hipócrita o suficiente para fingir que não sentia. Mas não chamou nem mesmo aqueles que a insultaram e a prejudicaram por um epíteto mais amargo do que "*tolos*". Assaltantes tais como os Coulombs e o Dr. Coues, a quem ela se referia com expressões equivalentes a "Pai, perdoai-lhes, porque não sabem o que fazem ", mesmo quando esses agressores estavam fazendo o possível para cortá-la, alma e corpo, com numerosas e medonhas feridas, para enchê-las com sal e as conservar com vitríolo.

Ela não tinha mais rancor contra os "tolos" do que eu tinha contra meu patrão, "o Sr. John Smith, não conformista e vendedor de laticínios"; e minha má vontade em relação a ele é mostrada pelo trabalho que para ele realizei, ano após ano, e por causa dele meu caminho para a reputação literária e o sucesso mundano ficou bloqueado, vindo a me tornar prematuramente cego e grisalho, enrugado e velho. Se Madame Blavatsky — como todos os outros homens e mulheres ambiciosos — lisonjeasse os "insensatos" e aceitasse seus preconceitos, eles a teriam pago por seus serviços e a recompensado com o tipo de personagem perfeitamente obsoleta que galgaria situação análoga a de um pregador metodista. Mas ela não era uma pregadora do tipo metodista e eles lhe deram uma personagem (*vide* Coues e outros) que obtém para o próprio diabo uma posição mais elevada no inferno. Ela se recusou a colocar seus pés nas mesmas marcas em que a Sra. Grundy pisou, como uma águia que não pode ser obrigada a andar por léguas nas pegadas de um burro. Ela ao mesmo tempo divertiu alguns indivíduos perplexos e espectadores com exemplos de "milagres" caseiros; e esses "milagres", leves como um jogo em Nap, eles escolheram para associarem à Teosofia, que, comparada com um frívolo jogo em Nap, é tão séria quanto o bombardeio de canhões em Trafalgar. Julgaram-na por meio do testemunho de uma cobra que ela havia aquecido em seu seio, uma Madame Coulomb, uma amiga renegada, a mais venenosa víbora que o mundo conhece, especialmente se a víbora for feminina. E nos serpenteios, contorcimentos e assobios dessa víbora, eles são maus e medíocres o suficiente para lançar aspersões diabólicas contra a forte, corajosa e simples mulher, cujos restos mortais acompanhamos até o forno em Woking. Esse foi o teor das minhas contemplações, durante o trajeto.

Um dentre muitos em um grupo de indivíduos enlutados, sem portar as características faixas pretas nos braços, cheguei ao crematório. Trata-se de um prédio de tijolos vermelhos, que, na aparência, era uma mistura de capela, forno de ladrilhos e chaminé de fábrica. Você entra por uma capela mortuária, e ao perpassá-la atravessa pesadas portas duplas de carvalho e se vê em uma câmara, onde no chão, no meio do cômodo, de frente para você, há um grande objeto de ferro como a caldeira de uma locomotiva, mas inserida dentro de uma estrutura de alvenaria. Os teósofos se aglomeraram em volta desse objeto, com ansiosa, embora discreta curiosidade para verificar que um dos assistentes girou, ao final do objeto, uma trava de ferro que tinha um orifício circular do tamanho de uma coroa. Os presentes se alternavam para olhar através dessa abertura; notei que a maioria deu uma rápida olhada e se virou com um estremecimento involuntário. Quando chegou a minha vez de olhar, não me perguntei se meus antecessores estremeceram. Se Virgílio,

Milton ou Dante tivessem um dia visto tal Inferno, nunca teriam escrito sobre o Inferno, teriam abandonado o tema como totalmente inefável. Dentro daquele forno encontravam-se "toalhas de fogo" sacudidas pelo braço do próprio diabo. Posso observar um forno comum; mas nunca mais espiarei através daquele "olho de ferro" as vísceras do inferno.

Enquanto eu estava pensando sobre isso, o carro funerário chegou e parou no cascalho em frente à porta da capela mortuária. O caixão foi levado ao interior da capela e colocado sobre um cavalete de carvalho e todos nós levantamos e tiramos o chapéu. O caixão estava literalmente encoberto de flores, e um forte perfume permeava o ar. Sob aquelas flores jaziam os restos mortais dela, que era querida por todos nós, e tinha exercido uma influência pessoal que a mera mediocridade, embora simpática, jamais poderia ter exercido. O *glamour* que fez com que ela evocasse sobre si o respeito e o afeto humanos era um "milagre" maior do que qualquer outro que seus difamadores enfatizaram. Foi igualado apenas pelo ódio envenenado contra ela, o qual ela pôde aparentemente inspirar em seus inimigos. E como poderia ela ter inimigos é um "milagre" para mim; pois, apesar de suas extraordinárias realizações e talento incomparável, não apresentava vestígio algum pedantismo e tinha o coração simples de uma criança. "Impostora", de fato? Ela foi quase a única mortal que jamais conheci que *não* era uma impostora. E a flagrante e aparente ignorância daqueles que a denominam assim é desprezível. Eles alegam que ela "fundou uma nova religião". Onde e quando ela ou os seus fizeram tal afirmação? Sob a autoridade de fofocas populares mentirosas, eles alegam que a "nova religião", como a velha zombaria de uma religião que existe nesse país, por lei estabelecida, foi atestada por taumaturgia e milagre. São aqueles que ignoram os próprios elementos da Teosofia, os que fazem essa acusação. Mesmo que você tenha como certo que, por um malabarismo inteligente, Madame Blavatsky encontrou uma xícara de chá debaixo do chão e misticamente consertou uma considerável quantidade de porcelana quebrada, o fato não teria mais conexão com a Teosofia do que a Igreja de Tenterden tem com o Areias de Goodwin[33], ou o tênis de gramado com o Cristianismo. Vocês, escarnecedores de zombarias baratas, leiam *Ísis Sem Véu*, *A Doutrina Secreta* e *A Chave para a Teosofia*[34], e poderão vir a crer que a Teosofia é, provavelmente, algo elevado demais para a vossa compreensão, mas algo que é imensuravelmente desprovido da possibilidade de ser operado pela ilusão de um charlatão ou pelo malabarismo de um acrobata.

O Sr. G.R.S. Mead, um jovem cavalheiro de características refinadas e com muita *expressividade espiritual*, avançou até a cabeceira do caixão dela, de quem tinha sido secretário particular e amigo íntimo. Lá, na mais solene quietude, leu um pronunciamento de forma impressionante. Enquanto sua voz prateada se elevava e caía em cadência melancólica, fui levado numa visão para o vale estreito onde

> "Com sotaque macio e calmo,
> *Kilmahoe* proferiu o salmo,"

---

33 Areias de Goodwin é um banco de areia de 16 km de comprimento na extremidade sul do Mar do Norte, a 10 km da costa de Deal em Kent, Inglaterra. (Nota Ed. Bras.)

34 BLAVATSKY, H. P. *A Chave para a Teosofia*. Brasília: Editora Teosófica, 2020, 7 ed. (Nota Ed. Bras.)

entre as colinas cobertas de urze de minha amada terra, para os mais severos e menos alfabetizados hereges que foram perseguidos com fogo e aço, assim como os hereges entre os quais agora me incluo foram perseguidos com desdém e calúnia.

Mas, enquanto meditava, a porta do crematório para a capela foi aberta e quatro funcionários, que não se pareciam exatamente com foguistas ou açougueiros, mas tinham alguma semelhança com cada um deles, entraram e, de maneira profissional, foram dois a cada extremidade do cavalete e, levantando-o pelas quatro alças, saíram com ele pela porta. Quatro teósofos que conheciam e amavam Madame Blavatsky e que, como eu, encontraram a mais formidável e maltratada mulher do mundo, seguiram seus restos mortais por aquela ampla porta até o forno. A profusão de flores nos brindou com outra fragrância, à medida que desapareciam, e a grande porta foi batida e aparafusada com uma perícia decisiva, que sugeria a queda da ponte levadiça em Hades.

Cavalete, caixão e flores se foram. Eles estavam agora por trás daquela inexorável porta, como também os restos mortais da mulher mais forte, mais corajosa e mais nobre que jamais apertará esta pobre mão trêmula, muito ruim e fraca para escrever as exéquias dela.

> Renuncia à tua vida se queres viver...
>
> Antes de abandonar a sombra, a sua envoltura mortal, essa causa prenhe de angústias e dores ilimitadas, os homens honrarão um Buda grande e sagrado...
>
> Quando ao Permanente o mutável se sacrifica, o prêmio é teu; a gota retornou ao lugar de onde veio. A Senda Aberta conduz à

mudança imutável — ao Nirvāna, o glorioso estado Absoluto, à bem-aventurança que ultrapassa o entendimento humano[35].

Desde a chegada de Madame Blavatsky na Inglaterra, o Movimento Teosófico tem feito progressos constantes, principalmente entre os influentes e instruídos; pois, como o Positivismo, não oferece refúgio de indolência mental e letargia moral para os iletrados e os estouvados. Dentre os ingleses convertidos, a mais notável é a Sra. Annie Besant, que, como sempre previmos, com o tempo abandonaria o frio *mundanismo* do Secularista.

Qualquer pessoa com capacidade de reconhecer a grandeza humana e perceber a luz *Shekinah*[36] de um Gênio — e isso foi escrito por alguém que olhou no rosto de Carlyle — não poderia deixar de saber que o mundo tinha apenas uma senhora Blavatsky. Havia um encanto na sublime simplicidade de sua maneira que atraía seus seguidores a ela como o ímã-ferradura atrai as limalhas de aço. Ela parecia uma personagem de cabeça quadrada, rude, robusta, corpulenta, descuidada, semelhante à aparência de Oliver Cromwell, quando você se sentava sozinho com ela, tomando café e fumando cigarros de sua própria fabricação; mas ela tinha aquele transbordamento de alma que vem a ser a responsabilidade de poucos, e o que mais poderia, a não ser uma superior fibra mental e equilíbrio, impeli-la, como Wiertz e Blake, a andar em corcéis de fogo, enquanto a multidão considerava seu gênio destroçado pela loucura. A dela foi uma vida

35 Ver nota 17 (afs. 21, 175 e 181). (Nota Ed. Bras.)

36 *Shekinah* é uma palavra hebraica que significa "habitação" ou "presença de Deus". Para os teólogos a tradução que mais se aproxima dessa palavra é "a glória de Deus se manifesta". (Nota Ed. Bras.)

de tempestade, labuta e agitação, que deixaram suas marcas escritas cruelmente em seu rosto, e originaram ou acentuaram doenças incuráveis. Ela se manteve entre nós, a tomar doses de arsênico que matariam os mais fortes. E, contudo, era alegre e sociável, incapaz de um pensamento mesquinho, e não tinha sequer uma gota de sangue de maldade em suas veias.

Suas maneiras, método e modo de falar eram muito pouco convencionais para a sala de estar. Ela poderia usar expressões com a força de um palavrão, que são compatíveis com dragões arrojados, e não com indivíduos zombeteiros. Tinha ela essa tremenda força de idiossincrasia que pode dispensar as lições de conduta do professor de dança. O frágil teixo mostra-se mais belo quando cortado e podado; mas o carvalho da floresta parece ter mais vantagem na posse de todo o comprimento e força de seus grandes braços, com os quais ele lutou com a tempestade que rugia.

Teosofia ou não Teosofia, a mulher mais extraordinária do nosso século, ou de qualquer século, faleceu. Ontem o mundo teve uma Madame Blavatsky — hoje, ele não tem nenhuma. A matriz do ambiente de hereditariedade no qual ela foi moldada se quebrou. Ao longo das próximas eras do tempo ou da eternidade, poderão os fragmentos quebrados dessa matriz serem recolhidos e rearranjados, e outra Helena Petrovna Hahn[37] nascer sobre a Terra, quando o planeta estiver são o suficiente para não a interpretar mal, não a perseguir e não procurar enterrar seu nome num cataclismo de falsidade, ódio e calúnia?

---

37 Nome de batismo de H.P. Blavatsky. (Nota Ed. Bras.)

Qualquer pessoa judiciosa que entrasse em contato com ela poderia facilmente entender o porquê de ser ela tão claramente amada e, não menos facilmente, conjecturar por que ela era tão amargamente odiada. Seu coração estava à mão. Infelizmente para quem espera "ter sucesso" neste mundo, ela não possuía nem mesmo um mínimo de hipocrisia. Ela se afastava, em vez de se opor a pessoas e princípios em alegre sarcasmo e feliz cinismo, mas, com aqueles que podiam entendê-la, conversava sem sequer suspeitar de amargura ou maldade. Não possuía nada daquela precisão contida, ao falar sobre amigos e contemporâneos, que as damas da sociedade adotam. Ela não tinha intenção de expressar mal algum, portanto não lhe ocorria que pudesse fazê-lo. Ela era, assim, exageradamente simples e ingênua e direta; ela era discreta; ela era totalmente despojada de hipocrisia; dessa forma se tornou um alvo fácil para as flechas envenenadas de seus caluniadores.

Agora, por meio da morte sombria e do fogo do crematório, ela passou por entre nós, seus caluniadores. Além da nobreza de sua alma e da magnitude de suas realizações, aprecio muito a memória de alguém que amei, de um incompreendido alguém que entendi e um dos poucos que já me entendeu. O mistério pelo qual estamos passando pode ser mais rico pela presença dela; mas este nosso mundo medíocre é ainda mais pobre em razão de sua perda. Dela a morte recai sobre mim, que pertencia à sua irmandade, mas não sobre aqueles que não compartilham dos consolos estoicos de sua crença.

Para seus seguidores, ela ainda vive. A Madame Blavatsky que conheci "não pode, na mente de nenhum teósofo, ser confundida com o mero instrumento físico que serviu por apenas uma breve encarnação". Mas não estou suficientemente apegado a essa doutrina para que ela me console. A Madame Blavatsky que conheci está *morta* para mim. Naturalmente que tudo o que possa ser permanente ou impermanente nela ainda gira no vórtice do Universo; mas ela vive para mim somente como vivem outros, na lista dos bons e dos grandiosos, pela auréola de sua memória e a inspiração de seu exemplo. Seus seguidores são gnósticos de profundas questões de teleologia, sobre as quais sou apenas agnóstico. Eles têm ininterrupta comunhão com seus mortos; mas a mim resta lamentar. Não me é concedida a capacidade de ultrapassar completamente as barreiras dos sentidos e, pela luz divina da percepção, receber ajuda a mim estendida daquele terrível destino do qual viajante algum retorna. Para mim, Madame Blavatsky está morta, e outra sombra caiu na minha vida, que nunca teve muito sol para abençoá-la.

Saladin.

(Publicado no *Agnostic Journal (Jornal Gnóstico)*)

17

H.P.B. em Enghien

Na primavera de 1884, H.P.B. hospedava-se na Rue Notre Dame des Champs, Paris, e na casa onde moravam o coronel Olcott, Mohini M. Chatterji e este que vos escreve. Parte desse período, lá esteve também Bertram Keightley. Como sempre, desde que conheci H.P.B., nos últimos dezessete anos, ela estava lá — como em outros lugares — envolvida diariamente com sua escrita, exceto quando de uma eventual viagem ou visita. Muitos visitantes de todas as classes entravam em contato com ela constantemente e, entre os quais, a Condessa d'Adhémar, que imediatamente professou profunda admiração por H.P.B. e a convidou para ir ao castelo de propriedade do conde em Enghien, nos arredores da cidade, convite este extensivo a mim e a Mohini Chatterji. Bertram Keightley também foi convidado por alguns dias. O convite foi aceito e todos nós fomos para Enghien, onde para H.P.B. foram concedidos dois grandes quartos no térreo, e os outros dormiam em quartos dos andares superiores. Toda comodidade foi oferecida à nossa amada amiga, e lá ela continuou a escrever enquanto eu, a seu pedido, lia atentamente, sentado na mesma sala, *Ísis Sem Véu*, criando notas no pé de cada página, pois ela pretendia usá-las na elaboração de *A Doutrina Secreta*.

Havia um lago ao lado da casa, e extensos terrenos cobertos por belas árvores escondiam a edificação da estrada, partes deles constituíam um pomar e jardim, muito bem cuidados. Faz-se necessária uma pequena descrição dos quartos. Largas escadas levavam ao corredor; de um lado, que podemos chamar de frente da estrada, era a sala de bilhar, cuja janela alta se abria sobre o teto cor de chumbo da varanda; a sala de jantar dava para a parte de trás, à beira do lago, e a sala de estar se abria a partir do outro lado, em ângulos retos, ao lado da sala de bilhar. Essa sala de estar era servida por janelas que se abriam em três lados, de sorte que ambos os jardins e o lago podiam ser vistos a partir dela. Nela estava o piano de cauda na extremidade e do lado oposto em frente à porta da sala de jantar, e entre as duas janelas laterais havia uma laje de mármore com ornamentos; entre as janelas, no final próximo ao piano, estava a lareira, e naquele canto havia uma das janelas com vista para o lago. Todas as noites era costume passar algum tempo na sala de estar em conversa, e lá, assim como na sala de jantar, ocorreram alguns fenômenos que, de fato, não eram mais interessantes que as palavras de H.P.B., fossem elas de cunho espiritual, grave ou alegre. Muito frequentemente a irmã da Condessa de d'Adhémar tocava piano de uma maneira que encantava até H.P.B., que não era má conhecedora. Lembro-me bem de uma melodia, então há pouco lançada em Paris, que a agradou imensamente, de sorte que ela frequentemente pedia sua repetição. Era uma que sugeria alta esperança e conceitos grandiosos da natureza. Muitas discussões animadas com o Conde de um lado e H.P.B. do outro, e muitas vezes no meio delas ela, de repente, se voltava para Mohini e eu, que estávamos sentados ouvindo, para repetir para nós os mesmos pensamentos que então ocorriam em nossas mentes.

O Conde d'Adhémar não pediu a realização de fenômenos, mas muitas vezes disse que se ele e alguns de seus amigos pudessem estar convencidos sobre a Teosofia, talvez muito bem resultaria na França. Alguns de nós desejávamos em nossos corações que na casa de amigos tão gentis pudessem ocorrer fenômenos, mas não o sugerimos a H.P.B. Porém um dia durante o jantar, quando estavam presentes o Conde e a Condessa, o filho deles Raoul, H.P.B., Mohini, a irmã da condessa, eu e um outro, o perfume forte e jamais esquecido que amigos íntimos de H.P.B. conheciam tão bem por aparecer quando os fenômenos ocorriam ou muitas vezes por si só, flutuava em volta da mesa, claramente perceptível a vários dos presentes e que não foi percebido antes ou depois. Naturalmente que muitos céticos não verão nada nisso, mas este escritor e outros sabem muito bem que isso por si só é um fenômeno, e que o perfume era enviado através de muitas milhas pelo ar, como uma mensagem de H.P.B. ou de pessoas ocultas que frequentemente ajudavam nos fenômenos ou nos ensinamentos. Nesse jantar, ou em algum outro durante a visita, nós todos tínhamos acabado de chegar do jardim. Eu tinha arrancado um pequeno botão de rosa e o coloquei na beira do copo entre mim e a irmã da condessa, que estava à minha esquerda, enquanto H.P.B. estava sentada à minha direita. Essa senhora começou a falar de fenômenos, perguntando se H.P.B. poderia produzi-los, como fazem os iogues indianos. Respondi-lhe que sim, se assim ela o desejasse, mas não pedi que o fizesse e acrescentei que ela poderia até mesmo fazer aquele pequeno botão de rosa florescer imediatamente. Então H.P.B. estendeu a mão sobre a rosa, sem tocá-la, e não disse nada, continuando prontamente a sua conversa e o jantar. Observamos o botão até o fim da refeição e vimos que cresceu naquele período de tempo, tornando-se muito maior e florescendo numa rosa quase adulta.

Em outra noite, depois de todos estarmos na sala de visitas por algum tempo, sentados sem luzes, a lua brilhando sobre o lago e toda a natureza silente, H.P.B. mostrou-se pensativa. Logo se levantou e se posicionou junto à janela do canto olhando por cima da água, e por um instante um flash de luz suave brilhou no cômodo e ela sorriu silenciosamente. Lembrando-me dessa noite, a Condessa d'Adhémar escreveu nesse mês de junho:

> H.P.B. parecia envolta em pensamentos, quando de repente se levantou da cadeira, avançou para a janela aberta e levantou o braço com um gesto de comando, uma música fraca foi ouvida à distância, a qual avançando cada vez mais perto, desdobrou-se em adoráveis variedades, enchendo a sala onde estávamos todos sentados. Mohini se jogou aos pés de H.P.B. e beijou a bainha de sua túnica, gesto que pareceu resultar da apropriada e profunda admiração e respeito que todos sentimos pelo ser maravilhoso cuja perda nunca deixaremos de lamentar.

Essa música astral se apresentava muito clara para todos nós, e o Conde observou especialmente a sua beleza e o seu desvanecimento enquanto sucumbia no espaço desconhecido. Toda a casa estava cheia desses sons de sino à noite, quando permaneci em vigília até tarde e os outros haviam se recolhido. Eram eles como sinais indo e vindo para o quarto de H.P.B., no andar de baixo. E em mais de uma ocasião, quando estávamos ao ar livre sob as magníficas árvores, eles passavam por nós, às vezes audíveis para todos e novamente só ouvido por um ou dois.

O teto plúmbeo do pórtico era um lugar onde depois do jantar às vezes nos sentávamos, e nalgumas daquelas noites deliciosas juntou-se a nós a Condessa Wachtmeister, que muito fez em prol do conforto de H.P.B., tanto em Wurzburg quanto em outros lugares. Muitas conversas ocorreram lá sobre Ocultismo. Numa delas, falávamos de imagens na Luz Astral e H.P.B. disse: “Bem, você sabe que ela se move como outras coisas no Cosmos, e que chega o tempo em que ela flutua, por assim dizer, deixando outra massa da mesma ‘luz’ tomar seu lugar”.

Foi com um sentimento de arrependimento que deixamos esse lugar encantador, onde reinava tal quietude e onde H.P.B. foi capaz de trabalhar em meio à beleza e o silêncio da Natureza. Ele não pode ser apagado da memória, porque ali nossa amiga e professora não era incomodada com a presença de curiosos e, portanto, estava livre para apresentar a nós, que nela acreditamos, um lado de sua natureza multifacetada que agradou, instruiu e elevou a todos nós.

Resta narrar um incidente para o qual devemos depender de outros. Levei comigo um livro, cuja leitura não pude concluir lá, e pouco antes de deixar a França fui a Enghien para devolvê-lo. Lá conheci a condessa d'Adhémar, que disse que o peculiar e inconfundível perfume, ao qual me referi acima, adentrou a casa depois que todos saímos. Foi uma noite, cerca de dois dias após a partida de H.P.B., e os d'Adhémar tinham alguns amigos convidados a jantar com eles. Depois do jantar, todos entraram na sala e logo perceberam o perfume. Surgiu, como me disseram, em irrupções, e imediatamente começaram a procurá-lo na sala, chegando finalmente à laje de mármore descrita, onde, de um ponto na pedra, encontraram o perfume fluindo em grande intensidade. Tal era a quantidade dele que, como a Condessa me disse, viram-se obrigados a abrir as janelas, já que o odor era avassalador e em grande volume. Ao voltar para Paris, contei o fato à H.P.B., que apenas me disse: "Isso às vezes acontece".

William Q. Judge
Membro da Sociedade Teosófica

18

Em memória

A primeira ocasião em que ouvi falar de H.P.B. estava lendo *O Mundo Oculto*, do Sr. Sinnett, no fim de 1883-1884. Naquela época eu vinha, juntamente com outros amigos em Cambridge, estudando um pouco os fenômenos do espiritualismo, e também estava lendo todos os livros sobre magia que podia encontrar na Biblioteca da Universidade. Consequentemente, as ideias não vieram até mim de uma maneira inteiramente nova, e Madame Blavatsky estava menos vinculada aos fenômenos do *Mundo Oculto* em minha mente do que com as letras impressas naquela obra. Foi na primavera de 1884 que eu a vi pela primeira vez. Encontrava-me então na véspera de ingressar na S.T., ou acabara de fazê-lo, e participava de uma reunião da *London Lodge (Loja de Londres)* realizada no Lincoln's Inn, com o objetivo de se estabelecerem, sob a presidência do coronel Olcott, certas diferenças entre as visões orientais e ocidentais sobre a Teosofia. Durante essa reunião, notei particularmente uma senhora um tanto corpulenta entrar silenciosamente na sala e sentar-se perto da porta. Nada ocorreu até que alguma menção foi feita sobre o que Madame Blavatsky tinha feito, quando essa senhora comentou em voz baixa: "Isso é verdade"; então uma corrida geral ocorreu em sua direção e ela foi levada para a frente da sala, enquanto a reunião se desfazia em confusão. Parecia-me que Madame Blavatsky havia julgado imperativamente necessário participar dessa reunião; ela tinha vindo de Paris, sem bagagem ou assistente: tinha de fato chegado pelo trem do correio e seguiu seu instinto oculto para se guiar até as salas onde a reunião estava sendo realizada, um endereço então desconhecido para ela. Como Madame Blavatsky retornou a Paris no dia seguinte, ou após passados dois dias, não tive oportunidade de conhecê-la pessoalmente. Na vez seguinte em que a vi, ela se encontrava na casa da Sra. Arundale, em Elgin Crescent. Não posso deixar de dizer que, além de muito admirar seu saber, fiquei muito atraído por ela. Fora o fato de eu ser membro da S.T. e ansioso por obter informações, nada em mim havia que pudesse lhe advertir. Encontrava-me a meio caminho dos meus estudos médicos e, vivendo fora de Londres, tinha muito pouco tempo para visitas. Foi durante o outono, no entanto, que Madame Blavatsky, juntamente com meus amigos Sr. e Sra. Cooper-Oakley, alugou umas salas na Victoria Road, e lá juntei-me a eles por um curto período, antes de partirem para a Índia. Mesmo sob tais favoráveis circunstâncias, não posso reivindicar ter sido íntimo dela. O máximo que poderia afirmar era eu ser para ela o amigo do Sr. e da Sra. Cooper-Oakley, com quem ela poderia conversar à noite, quando seu trabalho do dia tivesse terminado, e nada mais. Penso que posso reivindicar a orgulhosa distinção que, de todos os que naquela época moravam na mesma casa com Madame Blavatsky, eu era o único que nunca havia testemunhado nenhum dos fenômenos, que eram tão frequentemente vistos em sua vizinhança. Vi o navio a vapor deixar as docas no Mersey, e não vi Madame Blavatsky novamente até 1887, quando a visitei duas vezes em Ostende. Enquanto isso, eu obviamente tinha visto e lido tudo o que era para ser examinado sobre a investigação da S.P.P. Estive presente nas reuniões em que o relatório foi lido, e positivamente ele causou muito pouca impressão em minha mente. Eu estava lendo muitas "histórias de detetives" e lembro-me bem da má impressão, como história, que o relatório causou em mim. Quanto ao restante que imediatamente se referia à Madame Blavatsky, eu sabia do conhecimento dela, de sua sagacidade e inteligência. Eu acreditava completamente na existência dos Mestres como elo necessário para a evolução humana, e o único efeito em minha mente foi ainda maior desprezo por evidências circunstanciais, relatórios sobre boatos e hipóteses. A Teosofia era ela mesma; Madame Blavatsky a trouxera ao mundo, e senti uma confiança nos fatos, em oposição às aparências.

No entanto, foi em 1887 que entrei em contato próximo com H.P.B. Ela estava então em Ostende, empenhada em escrever *A Doutrina Secreta*. À época, a Teosofia parecia estar decaindo lentamente como uma força na Inglaterra, e juntamente com outros amigos, senti que um passo forte deveria ser dado. Consequentemente, após troca de correspondências, Madame Blavatsky respondeu que, se verificasse que o desejo por sua presença fosse suficientemente forte, estaria disposta a deixar seu isolamento e vir a Londres para ajudar no trabalho. Todos nós lhe escrevemos e ela finalmente concordou em vir. Em Ostende, encontrei Madame Blavatsky e a Condessa Wachtmeister morando juntas, e logo comecei a trabalhar na leitura de parte da *Doutrina Secreta*. Quase que imediatamente ao meu retorno a Londres, soube que H.P.B. havia repentinamente adoecido e que sua vida estava em perigo. Um leve abatimento tinha se transformado em sintomas perigosos que, de alguma forma extraordinária, desapareceram, e ela se recuperou pela segunda vez de uma condição cuja recuperação é rara, se é que alguma vez ocorreu.

Pode-se facilmente imaginar, então, que na minha segunda visita para ajudá-la em sua jornada para Inglaterra eu fiquei muitíssimo desanimado ao descobrir que naquele dia estaríamos obrigados a partir na umidade e na neblina, e uma chuva fina e enevoada caía. Deve-se lembrar que Madame Blavatsky não punha os pés fora de seus aposentos, não saía de seu quarto privado para a sala de estar se a janela estivesse aberta e, como regra, seu próprio quarto era quase insuportável aos outros, devido ao calor que o tornava agradável a ela. No entanto, partimos e embarcamos no navio com facilidade; a maré estava alta e o navio a vapor estava ao lado do cais, a uma altura conveniente. Mas Dover[38]! Lá a maré estava baixa, e muitos eram os degraus úmidos e escorregadios que tivemos de subir. No entanto, uma cadeira de transporte e carregadores superaram a dificuldade. Mas o rosto dela, ao ser transportada, denotava perplexidade. Imagine as circunstâncias, lembre-se do rosto de Madame Blavatsky, e a

38 Dover é uma cidade do Reino Unido e está localizada no Sudeste da Inglaterra, no condado de Kent. É o maior porto britânico do Canal da Mancha. (Nota Ed. Bras.)

cena poderá ser facilmente evocada. Em seguida veio uma dificuldade ainda maior, entrevada por seus membros estarem enfraquecidos — colocá-la no vagão do navio a partir da plataforma baixa. No entanto, tudo chega a um fim, e foi o que aconteceu com a jornada, e ela chegou a salvo e bem em Norwood à noite; e além disso, nenhum efeito negativo foi observado no dia seguinte.

Decidimos nos instalar para trabalhar em Maycot, Bertram Keightley e eu, com H.P.B., sua empregada e um servo, ficando lá até setembro, durante o calor do verão do Jubileu[39]. O trabalho era a ordem do dia e seus resultados, visíveis. Grande parte da *Doutrina Secreta* foi escrita novamente; ela foi corrigida e recorrigida e escrita à máquina, *Lucifer* foi iniciada, e a Loja Blavatsky foi estabelecida. Amigos se reuniram ao seu redor e se uniram à bandeira teosófica. Então chegou a hora da expansão, pois a Condessa Wachtmeister estava por chegar e outra mudança foi realizada, para a Lansdowne Road. De forma ininterrupta, o trabalho prosseguiu e o foco da atividade ampliou seus raios, até que a atual condição das questões fosse alcançada.

Assim pode-se ver que, pelo menos por dois anos, estive intimamente associado à Madame Blavatsky. É quase impossível transmitir a alguém que não a conhecia os aspectos múltiplos de seu caráter pessoal. Com aqueles que estavam apenas curiosos sobre ela e seu trabalho, ela era cortês e externa, mas somente quando o interesse pela Teosofia se mostrava real, H.P.B. mostrava-se como era. Bem, aqueles que a amam sabem que quase todas as falhas e pecados imagináveis do caráter humano foram a ela atribuídos. Sem dúvida, para

39 Jubileus Reais são uma ocasião para celebrar a vida e o reinado de um Monarca, e são eventos significativos, celebrados em todo o mundo. (Nota Ed. Bras.)

o observador externo e carnal, alguma cor pode ter sido apresentada, e mesmo assim sabemos que a natureza não é apenas sorrisos e que tempestades limpam o ar. Mas o que manifestamente afirmo é que essas desculpas não são válidas. Não é de forma alguma possível compreender as muitas faces de um caráter humano singular e, especialmente, uma personagem tão complexa como H.P.B. Sou positivo em razão da observação de suas ações, de que havia um objetivo em todas as suas ações, atos e palavras, e que dependia dos observadores o quanto eles poderiam se beneficiar da lição. Isso pode parecer ridículo para alguns, mas me convenci de que H.P.B. usou o instrumento físico chamado H. P. Blavatsky com objetivo distinto e incansável, embora o instrumento tenha ficado tão prejudicado por doença, que se tornou cada vez mais difícil direcioná-lo.

A todos que a auxiliaram em seu trabalho, ela estava sempre pronta para dar conselhos e ajudar, e somente aqueles que receberam sua ajuda podem apreciá-la em seu justo valor. Mas embora o sintam, não o podem expressar, pois não é possível trazer o mais profundo sentimento à superfície. Pessoalmente, como a conheço, posso dizer que encontrei nela a sábia professora, a amiga amorosa que sabia como cortar com o propósito de curar, e um exemplo na prática quando surgia a necessidade de ajustar a ação às ideias teosóficas. Posso encerrar dizendo que me considero o mais afortunado pelo *karma* que me pôs em associação com H.P.B. e que me permitiu ajudar, tanto quanto pude, no trabalho da líder coração-de-leão da Causa da Teosofia.

Archibald Keightley, M.B[40]

Membro da Sociedade Teosófica

---

40 M.B. - Bacharel em Medicina.

19

H. P. Blavatsky e sua missão

H. P. Blavatsky está morta, mas a grande alma que foi encarnada em sua forma ainda vive. A mulher chamada "a Esfinge do século XIX", porque foi compreendida apenas por alguns, "entregou a alma a Deus"; mas a grande alma, o *Maha Ātma*, habitando essa forma mortal e usando-a como um instrumento para lançar raios de luz espiritual nessa era de escuridão mental, apenas deixou a sua habitação, e voltou a uma casa mais agradável, para descansar de seus trabalhos.

É duvidoso se já existiu algum grande gênio e salvador da humanidade, cuja personalidade enquanto estava nesta Terra não tinha sido mal interpretada por seus amigos, insultada por seus inimigos, mentalmente torturada e crucificada, e finalmente transformada num objeto de adoração mística pelas gerações subsequentes. H.P.B. parece não ter sido exceção à regra. O mundo, deslumbrado pela luz de suas doutrinas, que a maioria dos homens não entendeu por serem novas para eles, olhou para ela com desconfiança, e os representantes da ignorância científica, prenhes de sua própria pompa, declararam que ela era "a maior impostora da era", porque suas mentes estreitas não lhes permitiam alcançar uma compreensão da magnificência de seu espírito. Contudo, não é difícil profetizar que, em um futuro próximo, quando já esquecidos os nomes de seus inimigos, o mundo tornar-se-á cônscio da verdadeira natureza da missão de H.P.B., e verá ter sido ela uma mensageira da Luz, enviada para instruir este mundo de pecadores e resgatá-los da ignorância, loucura e superstição, uma tarefa que ela cumpriu até onde sua voz foi ouvida e seus ensinamentos aceitos.

Então o historiador da época vasculhará os arquivos com o objetivo de encontrar um pouco da história da vida de H.P.B., e a menos que todas as difamações que foram sobre ela escritas retornem ao monte do estrume de onde emanaram, não é impossível que a memória dela possa ser então maculada por escribas do futuro, da mesma maneira que a memória de Cagliostro, Theophrastus Paracelsus e outras grandes almas foram manchadas por escribas irresponsáveis da atualidade. Por esta e por outras razões evidentes, é muito desejável que algo confiável em relação à vida de H.P.B. deva ser publicado por alguma pessoa que a conhecesse bem e que não fosse adoradora de personalidades, mas capaz de estudar e descrever a vida interior do homem. A verdadeira vida de todo ser humano desperto espiritualmente não é externa, mas reside em seu interior. Descrever meramente os eventos que ocorreram na vida terrena de um gênio corporificado e não retratar sua vida interior, seus pensamentos e sentimentos, é descrever apenas a história da casa habitada por esse gênio durante sua carreira terrena e não tomar conhecimento do habitante. Assim, mesmo o melhor relato escrito sobre a vida de H.P.B., já publicado, assemelha-se a uma pintura de uma ave do paraíso depois que o pássaro foi despojado de sua plumagem e preparado para a cozinha. Trata-se da abordagem de um assunto altamente poético com um cuidado de evitar toda a poesia. Mas as penas de um pássaro são uma parte tão essencial do pássaro, assim como seus músculos e ossos, e os aspectos poéticos e idealísticos de um homem são mais essenciais à sua natureza que a estrutura do seu corpo físico ou o corte de seu casaco. É a vida interior de H.P.B., seu modo de pensar e de sentir, isso é importante e deve ser compreendido; todo o resto pertence a coisas externas que não merecem a atenção do verdadeiro ocultista.

Cada pessoa tem uma natureza dupla, uma vida externa e outra interna, e H.P.B. não foi exceção a esta regra. Não era ela plenamente terrena nem totalmente divina.

Algum poeta diz:

> Duas naturezas estão dentro de cada ser humano.
> Uma é filha da clara luz do dia.
> Nela não há nada escuro, mas tudo é visto,
> Há todo o sol, nada escondido.
> Seu olho mais interno pode penetrar.
> Não há segredo nem mistério:
> Nela governam sabedoria, justiça, amor e fé:
> Impecável como cristal é a sua pureza
> A outra é um ser nascido da noite.

Preenchida com nuvens escuras que mudam e mudam novamente.

Confunde a razão e ignora a luz:

É um estranho em seu próprio domínio.

Intangivelmente, preenche nossa vida diária

Com duendes zombadores: seu reinado discordante

Erros provocantes e conflitos discordantes:

Enrolando os fios e estragando o *design*.

Assim, cada pessoa tem ao seu dispor uma vida terrestre e outra celestial. Para a grande maioria enredada nas malhas deste mundo de ilusões, estas ilusões parecem ser a realidade e a vida celestial apenas um sonho: mas existem outros a quem a vida interior despertou e que acham a vida celestial a verdadeira, e esta vida terrena apenas um sonho ou um pesadelo. Esse fato de uma existência dupla tem sido reconhecido por todo sábio e santo e é conhecido por todos aqueles que possuem o conhecimento divino de si mesmo. É citado em muitos trechos da *Bhagavad-Gitā* e da Bíblia. É aquela vida dupla do iniciado, à qual se refere o apóstolo, quando diz: "Vivemos na Terra, mas nossa consciência está no céu".

Pode existir aqueles em quem a luz dominou completamente as trevas: aqueles nos quais não mais existe "corpo de pecado". São eles os Adeptos plenamente evoluídos, e como tal se apresenta São Paulo em sua Carta aos Romanos, 7:5,6,[41] onde ele diz:

41 As citações da Bíblia contidas neste artigo não pretendem sugerir que minhas opiniões sejam baseadas em especulações sobre os ditos da Bíblia: são meramente adicionadas como evidências corroborativas para aqueles que lhes atribuem alguma importância.

> "Quando estávamos na carne, as paixões de pecados, suscitadas pela lei, operavam em nossos membros, para produzirem frutos para morte; mas agora estamos libertos da lei — tendo morrido para aquilo em que estávamos retidos, para servirmos em novidade de espírito e não na velhice da letra".

Tais sábios e santos são os *Budas* e *Arhats* e os "Mestres de Sabedoria" que H.P.B. alegou ter conhecido e que todos podem conhecer, se superarem seu próprio e limitado ego e galgarem o plano deles. A circunstância de a sociedade moderna nada saber sobre a existência de pessoas santas, e da ciência moderna não ter ainda descoberto santo algum, não invalida a teoria de que existem seres humanos nos quais o germe da Divindade, contido em todas as pessoas, tornou-se manifesto em tal grau que um reino mais elevado de conhecimento espiritual, inatingível por aqueles que se apegam apenas às coisas terrenas, revelou-se a eles, e que as almas dessas pessoas, tendo-se tornado autoconscientes na luz do Espírito, estão em posse de faculdades extraordinárias. Sobre tais pessoas regeneradas, a Bíblia afirma que não podem eles pecar, porque *nasceram de Deus* (1 João 3:9.). E em 1 Pedro 1:23, lemos que tais almas foram purificadas por obedecerem a verdade através do *espírito de amor não fingido*, "tendo renascido, não de semente corruptível, mas de incorruptível, pela *Palavra de Deus, a qual vive e permanece*" a agir sobre eles.

H.P.B. nunca fez nenhuma reivindicação de querer que sua personalidade fosse considerada um Deus, santo ou adepto, e numa carta ao autor destas notas ela expressamente repudia tais alegações, dizendo que ela está viajando no Caminho, mas ainda não atingiu o objetivo. Ainda havia uma natureza meramente humana, mesmo em H.P.B.; ela ainda podia se alegrar com os alegres e se condoer com as tristezas, e essa parte da natureza de H.P.B. foi transformada em objeto contínuo de crítica pelo "pesquisador psíquico", que nada sabendo sobre a divindade na humanidade, viu nela, apenas refletida, sua própria imagem animal. Por tais críticos, todo ponto nebuloso de sua natureza foi investigado e ampliado por meio da própria imaginação mórbida deles; mas o lado ensolarado da natureza dela, eles não perceberam, porque neles não havia luz.

A soma e a essência do que descobriram, se despojado do que a própria fantasia deles acrescentava, foi de que H.P.B. era gentil e generosa até com relação a uma falha: ela era impulsiva e enérgica e às vezes se deixava levar a extremos por seus nobres impulsos. Eles descobriram que ela fumava cigarros, que ela expressava seus pensamentos sem muita cerimônia e se recusava absolutamente a ser como esses santos de rosto liso, astutos e hipócritas, mudando em contínuo disfarce e sendo vistos pelo mundo como os pilares da Igreja e do Estado; enquanto que por trás de sua santidade está oculta nada mais que podridão e presunção. As corujas do sofisma científico, que vieram entrevistar a águia do Himalaia, descobriram que não podiam acompanhar seu voo aos cumes das montanhas, que estavam inteiramente além do alcance de sua visão limitada, e, à medida que não conseguiram arrancar suas asas, sua inveja se exaltou e elas vaiaram e tagarelaram, lançando calúnias ao pássaro real. Em muitos casos, esses caluniadores exageraram em seu trabalho, e a extraordinária infâmia de suas difamações contém evidências suficientes do tipo de espírito que inspirou tais escritos, de sorte a tornar desnecessária qualquer refutação.

Alguns desses escritores acusaram-na de ter cometido práticas imorais, e todas essas histórias, logo que inventadas, foram publicadas e sempre prontamente aceitas e divulgadas por aqueles intrépidos jornalistas que estão sempre em alerta, ansiosos para aumentar a circulação de seus jornais, oferecendo aos seus leitores algo picante e sensacionalista. Tais histórias muitas vezes eram requintadamente absurdas e não causavam pouca hilaridade entre aqueles que estavam familiarizados com os fatos. Assim, lembro que enquanto estava na Índia, certa história circulou em alguns jornais ingleses e americanos, dizendo que havia ocorrido uma briga entre os teósofos em Adyar, porque H.P.B. teve ciúme do coronel Olcott, por causa de Madame Coulomb, e que o Sr. Coulomb, enraivecido, recusou-se a fornecer mais fundos para dar continuidade às atividades da Sociedade Teosófica. Aqueles familiarizados com as pessoas referidas, e cientes de que os Coulombs não tinham dinheiro e estavam sofrendo por permanecerem em Adyar por caridade, apreciarão o barulho com que essa "notícia" foi recebida pelos *chelas*.

Não haveria fim da escrita e da perda de tempo, se todas as calúnias sobre H.P.B., que foram divulgadas pelos missionários piedosos de Madras e de outros lugares, tivessem que ser refutadas, especialmente porque é muito mais fácil criar uma afirmação caluniosa do que refutá-la. Algumas dessas calúnias podem, no entanto, ter sido elaboradas com a melhor das intenções; por exemplo, certas pessoas lançaram dúvidas sobre a veracidade de H.P.B. pela mesma razão que levou certo rei africano a ordenar a decapitação de um viajante europeu: porque este último havia dito ao rei que em certas partes da Europa e em certas estações, a água dos rios e lagos tornava-se tão firme que se poderia andar sobre ela; então o rei decidiu que a esse mentiroso não deveria ser permitido viver.

Eu teria pouca consideração pela verdade, se tentasse afirmar que nenhuma das acusações apresentadas contra H.P.B. tivesse se fundamentado em fatos: mas a principal causa que lhe trouxe problemas sem fim foi toda a sua falta de discernimento quanto à maneira pela qual os assuntos mundanos devem ser conduzidos, uma confiança infantil de que o mundo veria as coisas como pareciam a ela; uma completa negligência sobre o que o público diria ou pensaria sobre ela; um desejo de proteger seus seguidores das consequências advindas da estupidez por eles cometidas, etc., etc. O que H.P.B. queria, ela pensava e o que pensava, ela dizia, e o que dizia, punha em ação, independentemente de quaisquer consequências. Nela, como numa criança inocente, pensamentos, palavras e atos eram uma só coisa, e em harmonia.

Se tentássemos resolver o mistério da "Esfinge do século XIX" e contar uma história sobre o verdadeiro Ego de H. P. Blavatsky, antes de mais nada teríamos de saber quem é a individualidade, a "nova criatura" (Gálatas, 6:15) que foi incorporada na forma de H.P.B., e conhecer algo de suas vidas anteriores para podermos, então, entender o que fez com que aparecesse na forma de uma mulher nesta Terra. Teríamos então que aceitar a teoria de que a alma do regenerado é capaz de viver e agir além dos limites da forma física, que é sua morada e instrumento para manifestação externa, e que a alma espiritual de tal pessoa poderá se encontrar numa forma astral etérea nalgum país distante — digamos no Tibete — enquanto seu corpo físico ainda vive e age consciente e inteligentemente na Europa e na América. Mas o mundo ainda não está maduro o suficiente para receber uma história séria, contendo fatos que ainda são uma *terra incognita* à Europa e à Ciência e cujas correspondências somente podem ser encontradas na *Acta Sanctorum*, que hoje em dia é considerada até pela Igreja como "lendária e fabulosa", ou (para expressá-lo de forma menos polida) como sendo uma teia de mentiras. Essa história exigiria que os leitores conhecessem as doutrinas de *Reencarnação e Karma*; leitores que conquistaram sua própria essência e que por sua própria experiência haviam sido capazes de perceber o que significa estar no mundo, mas não pertencer a ele.

Mas embora a Bíblia diga: "se um homem não nascer de novo, ele não poderá ver o reino de Deus" (João 3:3), no entanto, os termos "renascimento" e "regeneração" tornaram-se palavras sem significado para o religioso moderno e absurdas para o cientista. Os visionários religiosos se lisonjeiam por acreditarem que já estão regenerados e que alcançaram a imortalidade. Não sabem eles que a regeneração no espírito é acompanhada com uma abertura dos sentidos espirituais, e que sua "regeneração" não pode ter ocorrido desde que esteja ele cego para a luz da verdade e surdo para a "voz do silêncio". "Regeneração" hoje em dia é uma palavra sem significado para o homem do mundo, e para o clérigo significa, na melhor das hipóteses, uma mudança de crença e uma melhoria da moral. O "cristão" moderno não tem entendimento sobre as passagens de sua Bíblia, como as seguintes: "Meus filhos, por quem sofro de novo as dores de parto, até que Cristo seja formado em vós" (Gálatas 4:19); "Em Cristo

Jesus nem a circuncisão vale nada nem a incircuncisão, mas *uma nova criatura*" (Gálatas 6:15) etc., etc. Eles não acreditam no que o Mestre diz sobre seus verdadeiros seguidores: que os regenerados, aqueles em quem "o Filho de Deus atingiu o patamar da plenitude de Cristo" (Efésios 4:13[42]), farão as mesmas coisas maravilhosas que Ele realizou. Não acreditam que possa alguém galgar a imortalidade consciente, a menos que a "nova criatura" tenha nascido nele, e se lisonjeiam na presunção de que seu espírito já seja imortal. Mas a imortalidade do Espírito de Deus não tornará suas almas imortais, se suas almas se recusarem a ser frutificadas por esse Espírito de Deus e gerarem o filho divino.

Que esses "cristãos" reflitam sobre o significado das palavras da Bíblia, onde se diz: "Não admira que eu tenha dito, tu deves nascer de novo. O que nasce da carne é carne, e o que nasce do Espírito é Espírito. Salvo se nascer um homem da água e do Espírito, não poderá ele entrar no Reino de Deus" (João 3:5). Pouco servirá aos santimoniais[43] acreditarem que seu espírito é imortal, já que não possuem espírito que possam adequadamente chamar de seu; porque sua alma não contém amor ou espírito divino e, portanto, não pode gerar a "nova criatura" que possa reivindicar a imortalidade no Cristo. Essa união da alma mortal com o Espírito imortal é o fim e objeto de todo Ocultismo e Teosofia. Foi essa regeneração que H.P.B. ensinou; pois *regeneração espiritual e iniciação são sinônimos.*

---

42 Efésios (4:13): "até que todos alcancemos a unidade da fé e do conhecimento do Filho de Deus, e cheguemos à maturidade, atingindo a medida da plenitude de Cristo. (Nota Ed. Bras.)

43 Santimonial refere-se a líderes religiosos hipócritas pregando sobre moralidade. (Nota Ed. Bras.)

Mas uma doutrina que não lisonjeia a vaidade dos homens, fazendo-os acreditar já serem imortais devido aos méritos de uma pessoa que viveu no passado, mas afirma que a imortalidade é uma benção obtida apenas por esforços heroicos, em luta com os elementos inferiores de nossa natureza, que impedem a ação de graça divina em nós mesmos, não é bem-vinda por aqueles que preferem correr atrás de dinheiro e prazeres e esperam cavalgar, após a morte, no céu — nas costas de outro homem; e, portanto, a história de uma alma regenerada seria acreditada ou compreendida apenas por poucos. Muito mais fácil seria vestir tal história na forma fictícia de um romance, que não faz reivindicações de crença e em que todos possam acreditar tanto quanto forem capazes de entender, e afastar o resto.[44]

Para entender o verdadeiro mistério que envolvia H.P.B., primeiro será necessário entender o mistério chamado "Homem": para o Iniciado, vulgarmente comparando, é como um pássaro em comparação com um ovo. O pássaro conhece ovos e sua história, mas os ovos não sabem nada sobre a existência de pássaros. Para resolver o grande mistério chamado homem, a humanidade terá que se pôr fora do "ovo filosófico" e, ao se tornar livre, alcançará o nobre autoconhecimento da Divindade na humanidade; mas, atualmente, parece haver poucos, mesmo entre os chamados "Teósofos", com a mínima ideia do que significa o "autoconhecimento divino".

Devido ao equívoco universal existente em relação à verdadeira natureza do homem e à ignorância de tudo o que é divino em

---

44 Na "Imagem Falante de Urur", tais fatos foram retratados. Lá, o "Mestre da Imagem" representa o *Ego* verdadeiro, a alma regenerada, enquanto a própria imagem é meramente o corpo elementar, a personalidade, mediante a qual o *Ego* verdadeiro age.

sua natureza, H.P.B. foi universalmente incompreendida e deturpada. Depois de uma longa e paciente observação, uma convicção que persistentemente me recusei a aceitar impôs-se sobre mim, a saber, que a este respeito, muito mais dano foi causado por amigos e admiradores excessivamente zelosos de H.P.B. do que por seus inimigos. H.P.B. nunca pediu para ser deificada e negou a posse de poderes milagrosos; mas havia muitos de seus seguidores realizando um culto místico à sua pessoa, fazendo as declarações mais loucas e extravagantes em seu nome, que ao serem investigadas foram consideradas inúteis e, portanto, só trouxeram descrédito a ela e à sua sociedade, enquanto que, salvo muito poucas exceções, esses amigos entusiasmados foram os primeiros a abandoná-la ou a se tornarem seus inimigos, quando as ilusões — criadas por eles próprios — explodiram.

De acordo com as histórias geradas, acreditadas e divulgadas por esses admiradores, H.P.B. era continuamente atendida por espíritos; invisíveis "Mestres do Tibete" dançavam com ela; eles literalmente ditaram para ela seus escritos, ou "precipitaram" seus manuscritos enquanto ela tirava uma soneca.[45] Gnomos, sílfides, ondinas e salamandras estavam sempre sob seu comando, carregando suas cartas e supervisionando a cozinha. Nada que estivesse acontecendo em alguma parte do mundo — de acordo com as declarações deles – escapava ao conhecimento de H.P.B: mas era muito evidente para quem estava de fora, que H.P.B. não sabia tudo e que mesmo em seus maiores problemas o posto de fadas não funcionava; mas que para

45 Depois que o texto acima foi escrito, a revista *Lucifer* de 15 de maio chegou às minhas mãos, onde encontro declaração corroborada por ela mesma na página 243.

receber informações, ela, como outros mortais, tinha de depender dos correios e telégrafos. O fato é que, ao final de todas essas declarações, algumas eram verdadeiras, mas os fatos foram exagerados além de todos os limites por seus amigos superentusiasmados.

H.P.B., de acordo com sua própria confissão, não era uma mulher erudita. Nem inteligente era. Pelo contrário, todas as grandes coisas que fez foram executadas por ela e alguns de seus associados, da maneira mais confusa possível, que muitas vezes impediu o bom resultado da ação; e ao chamá-la de "a maior impostora da época", o agente da Sociedade de Pesquisas Psíquicas que lhe conferiu este título, simplesmente corroborou a sua própria incapacidade de julgar sobre caráter, já que H.P.B. — como testemunharam todos os que a conheceram — nunca foi capaz de se disfarçar, e qualquer impostura, grande ou pequena, que ela pudesse ter tentado, teria sido descoberta imediatamente, mesmo por uma criança. H.P.B. não era nem inteligente nem "astuta", mas possuía aquilo que se mostra tristemente deficiente na maioria de seus críticos, a saber, *conhecimento da alma*, um departamento da "Ciência" ainda não descoberto por cientistas modernos e possíveis filósofos. A alma que vivia nela era uma grande alma, uma *Mahatma* (de *Maha*, grande e *Ātmā*, alma). Essa grande alma, e não o vestido que H.P.B. costumava vestir, deve ser o objeto de nossa investigação, não com a finalidade de gratificar a curiosidade científica — mas para lucrar com o exemplo.

Ora, parece-me que ouço mil vozes fazerem a pergunta: O que é o conhecimento da alma e como pode ser obtido? Existe algum outro conhecimento que o do cérebro racional? Podemos saber de outra coisa além do que aprendemos em nossa escola, do que lemos nos livros ou do que lembramos de ter ouvido? A isso responderíamos:

Ai das pessoas que não sabem de cor o que é bom e bonito. Ai daqueles que não têm percepção interior de justiça e verdade; quem não pode *sentir* amor verdadeiro, esperança e fé, e quem tem que estudar a enciclopédia para descobrir o significado dos termos benevolência, caridade, generosidade, espiritualidade, virtude, etc., etc. Todas essas coisas não são criações da imaginação, nem produtos do corpo físico; mas poderes vivos espirituais, dotando suas qualidades de alma que estão em sua posse. Se esses poderes tiverem permissão para crescer e se desdobrar, então sua verdadeira natureza ficará clara para a mente, mas nenhuma quantidade de especulações intelectuais permitirão àquele que não os possui perceber o que eles são.

O estudo desses poderes e a arte de desenvolvê-los na prática formaram a ciência da alma que Madame Blavatsky ensinou. Todo o resto de suas doutrinas, sobre a constituição do homem, a evolução dos mundos etc., etc., eram meramente acessórios para facilitar o autoconhecimento; destruir intolerância e superstição e libertar a mente de preconceitos, para lhe conceder a mais ampla condição de enobrecer o pensamento e capacitá-lo a formar uma concepção mais vasta e mais elevada de Deus, da natureza e do homem. O que pode tal estudo ter a ver com as histórias de espíritos, com pesquisadores psíquicos, cafeteiras, alçapões e outras tolices, que assombram as mentes daqueles que buscam coisas externas como testes da existência de coisas que devem eles possuir, antes que possam realmente merecer serem chamados de homem feito à imagem de Deus? Verdadeiramente aqueles que se tornaram seus inimigos, porque ela não podia satisfazer a curiosidade deles, deveriam ser responsabilizados por sua rejeição deliberada da verdade divina.

A primeira coisa necessária para a aquisição do conhecimento da alma é a *posse de uma alma*, que significa o poder de sentir. Entre os oponentes de H.P.B. muito pouco do elemento da alma pode ser encontrado. Parecem eles existir inteiramente no plano da mente, aquela parte do homem que apenas raciocina e especula; mas que não tem conhecimento real, e que os escritores antigos comparam com o luar frio, porque não há nada nele do calor da luz do sol do amor. O elemento da alma é a vontade, e a vontade divina é amor universal; que cria um paraíso — não na imaginação, mas no coração daqueles que a possuem. Quando a estrela da manhã do amor divino surge dentro da alma, nela entra a paz. Portanto, não se diz que os anjos, no momento em que o Cristo nasce no coração humano, cantam: "Glória seja concedida àqueles que são bem versados em ciência e sofisma"; mas diz-se que eles cantam: "Glória a Deus, que é amor universal, e paz a todos os homens que são de boa vontade (isto é, vontade divina) ".

Uma grande quantidade de aprendizado pode ser armazenado no cérebro durante uma vida, e quando a morte chega, todo esse lixo, agora inútil, sem qualquer valor no reino da eternidade, será abandonado, mas o desdobramento da flor de lótus divina da alma sob o sol do amor divino pode exigir muitas encarnações sucessivas. Com o primeiro raio desse amor, assimilado pela alma e tornando-o consciente de sua própria natureza e destino mais elevados, o "discipulado" se instala no peregrino, na estrada que leva à iniciação e à imortalidade. À medida que o fogo do amor é aceso dentro do coração, a luz surge e ilumina a mente e produz certas mudanças, mesmo na forma física (*Efésios* 4:16). Sem esse amor divino, todo aprendizado é inútil, todos os esforços são inúteis: pois Deus é o próprio amor (I João 4:8), e não pode haver unificação ou expiação com Deus, se o amor é rejeitado (I Coríntios 13:2). Quem encontra o amor encontra a vida espiritual (Provérbios 8:35[46]), mas quem rejeita o amor rejeita a luz e escolhe escuridão e morte. O homem tem sido chamado de "ser misto", porque ele é não totalmente material, mas também espiritual em sua natureza. Nele (como diz Jacob Böhme) se encontra o campo de batalha de três reinos: o reino da luz, o reino das trevas e o reino da natureza. "Para sempre brilha a luz do dia nas trevas, e as trevas não a compreendem"; mas quando a escuridão é absorvida pela luz e o Espírito no homem desperta para a sua divina autoconsciência, então surgirá nele um novo conjunto de faculdades interiores, uma nova gama de percepções e poderes espirituais, e a memória que pertence ao Ego interno reencarnado estará ao alcance da mente exterior terrena. Esses ensinamentos, que são incompreensíveis para muitos, por lidarem com coisas que estão além do alcance de sua experiência, são da mais alta importância para o incentivo de poucos que desejam seguir o caminho percorrido por aquela alma que estava encarnada no corpo de H.P. Blavatsky, e devemos, portanto, em vez de desperdiçar nosso tempo com a investigação de tais trivialidades pertencentes à sua personalidade (por exemplo, a omissão de uma aspa), tentar estudar sua vida interior e seguir sua alma em seu voo ascendente em direção ao trono da Sabedoria Divina.

Franz Hartmann,
M.D. (Médico).

46 Provérbios 8:35 — Pois todo aquele que me encontra, encontra a vida e recebe o favor do Senhor. (Nota Ed. Bras.)

20

Reminiscências de Madame Blavatsky

Foi em dezembro de 1879 que tive o prazer de ver Madame Blavatsky pela primeira vez, quando ela fazia uma visita ao Sr. e à Sra. Sinnett, e fico feliz em dizer que a amizade que se seguiu durou, sem retroceder, até o dia de sua morte. Enquanto estava na Inglaterra em 1878, investiguei o fenômeno do espiritualismo, e uma senhora espiritualista, que conheci enquanto investigava, sugeriu, ao escrever para mim na Índia, que eu deveria conhecer Madame Blavatsky, se surgisse a oportunidade para tal. Curiosidade e o desejo de conhecer o Sr. e Sra. Sinnett — o primeiro, com quem eu havia me correspondido como editor do *Pioneer* — induziram-me a fazer uma longa viagem de cerca de trinta horas até Allahabad para este fim; e nenhuma viagem na minha vida jamais me retribuiu tanto, ou foi a fonte de tanta e permanente satisfação. Vários teósofos escreveram elogios à nossa falecida amiga e mestra — H.P.B., como ela preferia ser chamada — que sinto preferível me limitar a uma breve narrativa de minhas impressões sobre suas características e sobre alguns dos incidentes que ocorreram durante essa breve visita a Allahabad e depois, quando nos vimos novamente em Simla.

A filosofia oriental galgou agora, com toda razão, o lugar principal em conexão com a Sociedade Teosófica, e o nome dela será transmitido à posteridade, antes como expoente dessas doutrinas do que como uma realizadora de milagres; mas quando da redação desta narrativa, foram os fenômenos associados ao seu nome que nos atraiu até ela. Mas deve-se reconhecer que ela sempre reprovou esse desejo por milagres e falou de fenômenos como "truques psicológicos". Entretanto nosso desejo, e talvez um pouco de interesse da parte dela em provar seus poderes, induziu-a a nos mostrar alguns desses truques psicológicos, mesmo nos assegurando que eles não tinham valor real, em comparação ao ensinamento encontrado por trás deles. O livro do Sr. Sinnett, *O Mundo Oculto*, faz um relato tão completo de nossas primeiras experiências, que não proponho apresentar qualquer detalhe, mas acho que, apenas devido à memória dela, devo dizer, face ao abuso derramado sobre ela, tanto durante sua vida quanto após a sua morte, que nunca vi nada, nem ouvi nada que me levasse em momento algum a duvidar da realidade dos fenômenos que ocorreram em sua presença. E também posso dizer com plena franqueza que, embora ela fosse a mulher mais intelectual que já conheci, era, considero eu, tão bem formada que, em seu caso, o engano sistemático era impossível. Ela não tinha nem a astúcia nem o autocontrole necessário para planejar e ocultar; e viveu tão abertamente entre seus amigos que as muitas falsidades sobre ela soam absurdas para aqueles que desfrutaram de seu convívio. Ela tinha o coração mais gentil, a mais generosa das disposições, e sem afirmar que era perfeita, era uma daquelas pessoas que são amadas e mais respeitadas por quem as conhece mais intimamente. E não se pode prestar elogio maior que esse a alguém, creio. Suas próprias falhas, algumas delas, resultavam de uma natureza generosa, de uma disposição muito grande para aceitar a todos que a procuravam e neles confiar. Para mim e para os outros, às vezes parecia estranho que ela parecesse ter tão pouco discernimento sobre caráter; mas, em alguns casos, pelo menos, foi uma esperança de fazer o bem o que provavelmente a levou a tolerar e até a parecer amigável àqueles que depois contra ela se voltaram e tentaram feri-la. Quão profundamente ela sentiu os ataques vergonhosos contra sua personalidade, nós, que a conhecíamos bem, percebemos e lamentamos; e muitas vezes tentei convencê-la a ter um sentimento de indiferença pelas opiniões daqueles que nada sabiam sobre ela, a não ser o que coletavam de relatos distorcidos e preconceituosos em jornais. Mas embora ela pessoalmente sentisse essas calúnias, grande parte de seu sofrimento surgiu pelo receio de que a Causa que trazia no coração, e pela qual trabalhou como jamais vi alguém fazê-lo em favor de qualquer outra, fosse ferida pelas calúnias contra a sua pessoa. Sempre me surpreendi com a energia incansável que ela exibia; mesmo quando doente, ela ainda fazia um esforço enorme para alcançar sua escrivaninha e continuava trabalhando. Enche-nos de desprezo e raiva pensar que mesmo quando ela estava além do alcance das calúnias, alguns dos jornais degradaram suas páginas com abusos e republicaram as falsidades que encontraram crédula audiência entre uma classe que se orgulhava de sua incredulidade.

Descobri que deixei pouco espaço para dizer algo sobre as muitas ocorrências interessantes durante nossa proximidade inicial, e talvez pensando melhor, uma repetição desses eventos seja desnecessária, pois eles podem ser lidos noutro lugar, mais apropriadamente. Ainda para mostrar que tive amplas oportunidades de conhecê-la bem, menciono que durante as duas visitas a Simla eu a vi quase diariamente, na verdade eu fiquei na mesma casa por três meses, dentro e fora do seu quarto, a qualquer momento e hora do dia. Ela sempre foi carinhosa comigo, e eu nutria um verdadeiro carinho por ela, e sempre a defenderei, como agora, diante do mundo. E nós, que sabemos que mulher maravilhosa ela foi, e quão interessante e profunda é a filosofia que ela levou proeminentemente adiante, sabemos também que chegará o dia em que o mundo reconhecerá sua grandeza e perceberá que nós, que defendemos e reverenciamos sua memória, não somos pessoas tão tolas e ingênuas como o público presunçoso e geralmente ignorante de hoje presume.

Alice Gordon

Membro da Sociedade Teosófica

21

Madame Blavatsky e sua obra

Foi em abril de 1884 que conheci Madame Blavatsky, e foi em 26 de março de 1891 que a vi pela última vez, pouco antes de sua morte.

Lembro-me bem de sua chegada de Paris e de sua aparição inesperada numa reunião da Loja de Londres da Sociedade Teosófica, que estava sendo realizada no *Lincoln's Inn*. A impressão causada em mim e nos outros por sua notável personalidade nunca desapareceu de minha memória.

Naquela primeira reunião, reconheci que havia encontrado alguém cuja influência em minha vida seria inefável ao longo do tempo, e que tendo tocado a própria raiz e núcleo da natureza interior, aquela influência nunca poderia ser deixada de lado ou ignorada.

Os poucos meses do verão de 1884 que ela passou em nossa casa em *Elgin Crescent* foram marcados por eventos de caráter curioso e excepcional, todos testemunhando o fato de que a personalidade chamada Madame Blavatsky era diferente na maioria das características das pessoas ao seu redor, e multidões de visitantes de todas as classes atestaram o interesse que ela despertava.

Era seu costume, enquanto estava conosco, dedicar a parte inicial do dia à escrita; ela geralmente começava às sete horas, mas muitas vezes mais cedo, e muito raramente, de fato, quando eu entrava em seu quarto por volta das oito horas da manhã não a encontrar em sua escrivaninha, onde permanecia, com um leve intervalo para o almoço, até cerca das três ou quatro horas da tarde. Então tinha início o horário de audiência e, desde o início da tarde até o fim da noite, uma constante sucessão de visitantes chegavam. A Velha Senhora sentada em sua poltrona, na pequena sala de visitas que mal era suficiente para o fluxo de convidados, era o centro de um círculo de perguntas. Muitos, é claro, atraídos pela fama de seus grandes poderes, vinham por mera curiosidade. Naqueles dias, a Sociedade de Pesquisas Psíquicas não havia ainda publicado seu famoso relatório, e alguns de seus membros frequentemente estavam presentes, buscando os sinais e maravilhas que tanto desejavam contemplar.

Numa tarde, um pequeno grupo se reuniu na sala de estar dos fundos e entre eles estavam alguns membros proeminentes da S. P. P. e Madame Blavatsky foi pressionada a produzir alguns fenômenos. Ela respondeu rindo, como costumava fazer quando ocorriam pedidos dessa natureza: "Que desejam vocês dos fenômenos? Eles são truques psicológicos e de pouco valor para os alunos sérios". Contudo, ela finalmente concordou em tentar fazer alguma coisa, e sentando-se entre os outros ao redor da grande mesa, participou da conversa, que fluiu por pouco tempo de maneira fácil como sempre ocorria quando ela se encontrava cercada por intelectuais. Em pouco tempo, um som surpreendentemente doce e cristalino, conhecido como o sino astral, se fez ouvir, e foi repetido várias vezes, para o grande deleite e prazer daqueles que nunca o ouviram antes. Os senhores presentes membros da S. P. P. se declararam mais do que satisfeitos, observando mais de uma vez que não havia dúvida quanto ao aspecto genuíno desse fenômeno. Eu poderia relatar muitos e muitos exemplos de fenômenos, mas sabendo do valor que a própria Madame Blavatsky dava a essas coisas, seria apenas uma péssima homenagem à sua memória apresentar isso, que constitui apenas a parte menor de seu trabalho. Mas os Pesquisadores da Sociedade Psíquica e caçadores de fenômenos, e aqueles que só vieram para ver e admirar, eram apenas uma parte da grande multidão. Muitas mentes sinceras engajadas em estudo filosófico vinham repetidamente, atraídas pelo poder de um intelecto que mostrava sua vasta força, na maneira como lidava com os muitos assuntos expostos diante dela.

Importantes professores de Cambridge vinham e passavam eventualmente uma tarde em sua companhia, e ainda posso ver diante de mim a forma volumosa no amplo roupão na grande poltrona, com a cesta de tabaco ao lado, a responder profundas e eruditas perguntas sobre teorias de cosmogonia e sobre as leis que governam a matéria, enquanto enrolava os cigarros que ela fumava constantemente e dava para seus convidados. Para aqueles amigos que mantinham constantes e irrestritas relações com ela, outros aspectos de seu caráter eram observáveis. Ela tinha uma dependência quase infantil dos outros, que se alternava com grande intolerância a controle, e seu total desprezo pelo convencionalismo de praxe tornava a vida em uma comunidade civilizada um fardo para si mesma, e um contínuo teste para seus amigos no esforço para impedi-la de ultrajar as *conveniências* da sociedade. Acredito que sua total aversão pelas falsidades da sociedade frequentemente a fazia enfatizar e se comprazer com certa franqueza de expressão e grosseria de ação, que às vezes era desconcertante até para seus melhores amigos. Com tudo isso, ela era facilmente tocada pela angústia ou dor dos outros, e era muito gentil com todas as crianças que encontrava. Lembro-me de um incidente para mostrar esse aspecto de sua natureza multifacetada: ela estava no Jardim Zoológico numa cadeira-de-rodas, quando o filho pequeno de um amigo caiu logo diante dela, frente à roda; em seu desejo de ajudar a criança, ela quase se jogou para fora da cadeira, com a dificuldade que sempre teve para se mover, e não ficou satisfeita até ter certeza de que não houve muito dano. Pequenos traços como esse mostram claramente que, apesar de sua aspereza no falar e nos modos, e de seu descuido corriqueiro pelos sentimentos dos outros, ela tinha ainda muita compaixão para com os fracos e sofredores.

Quando ela veio até nós, trouxe com ela seu ajudante indiano (Babula), e era uma característica essencial da tarde vê-lo em seu traje nativo trazer o samovar[47] russo e entregar as xícaras de chá aos presentes; em seu aspecto geral, a residência situada em *77, Elgin Crescent,* daqueles dias diferia amplamente do que sempre fora ou nunca será novamente.

Todo o grupo recebeu um convite do Sr. e da Sra. Gebhard, de Elberfeld, para passar o mês de agosto na casa deles;

47 Samovar - máquina de aquecer água. (Nota Ed. Bras.)

consequentemente, no dia 16 desse mês, Madame Blavatsky, acompanhada pelo Sr. M. Chatterji e vários teósofos, e, então, fomos para a Alemanha. Lembro-me bem da maioria dos episódios dessa jornada, do cuidado amável de nosso anfitrião, Sr. Gebhard, que tomou todas as precauções para tornar as condições o mais fácil possível para Madame Blavatsky, a conversa agradável e animada entre todos nós, no trem, a curiosidade que despertamos em algumas estações da Alemanha, onde paramos e onde provavelmente nenhum tipo como o Sr. Chatterji já tinha sido visto antes, e muitos outros detalhes que, embora interessantes para aqueles que estavam presentes, são de natureza pessoal demais para serem narrados nesta pequena menção. Foi enquanto desfrutava da amável companhia desses amigos que a explosão do caso Coulomb aconteceu. Os detalhes de tudo o que ocorreu naquele momento são bem conhecidos, e é totalmente desnecessário comentá-los, tanto mais que tínhamos deixado Madame em Elberfeld e havíamos retornado a Londres antes de sabermos do fato.

Foi no fim de setembro que Madame Blavatsky veio novamente ficar entre nós por pouco tempo, antes de se hospedar com o Sr. e Sra. Oakley, antes de todos partirem para a Índia. Ela estava muito deprimida e doente, quase exausta devido ao problema que havia passado. Numa carta que me escreveu naquela época, pouco antes de deixar Elberfeld, ela diz: "Renunciei ao meu posto de secretária-correspondente na Sociedade; desconectei-me publicamente dela; pois acho que enquanto permanecer no seio e à frente da Sociedade, serei o alvo a ser atingido e a Sociedade será afetada por isso." E ela continua, dizendo: "Meu coração — se é que sobrou algo dele — está quebrado em razão desse passo. Mas tive que me sacrificar para o bem da Sociedade. A *Causa* antes de pessoas e personalidades".

Essa devoção à Causa foi a tônica de sua vida, da qual ela nunca abriu mão. Ela falhou muitas vezes na discriminação do que era ou não o bem da Causa, como fez nesse caso, quando pensou em se retirar de sua posição oficial, mas é impossível ignorar o fato de que, realizado de maneira correta ou errada, o que movia a sua ação sempre foi a mesma devoção à Causa e a seus Mestres. Felizmente, ela foi impedida de realizar sua intenção, anulada pelo julgamento mais sábio de outros que, estando um pouco mais distantes do litígio, podiam ver a situação com mais calma e clareza.

São muitas as ocasiões de que me lembro, durante sua estada conosco, de conversas, ou melhor, de monólogos dela de natureza das mais interessantes. Era costume meu, que ela sempre incentivava visitá-la como última coisa a fazer à noite, e eu costumava lá permanecer até que ela adormecesse. Nesses momentos ela ocasionalmente contava histórias curtas, às vezes uma espécie de alegoria, e noutras o que pareciam incidentes de vidas passadas, dela ou de alguma outra pessoa, mas tão poeticamente e, no entanto, graficamente relacionadas, que se era fato ou fantasia seria necessário ter intuição para decidir. Pergunta que ela não tolerava; se alguma vez eu tentasse perguntar, ela ficava calada, ou dizia: "Eu já falei; você pode fazer disso o que quiser".

Em novembro do mesmo ano, muitos de nós a acompanharam a Liverpool, de onde ela foi para a Índia com o Sr. e a Sra. Oakley e, a partir desse momento, com a exceção de uma semana em Würzburg e uma visita ocasional em Londres, minhas relações pessoais com Madame Blavatsky findaram. Dificuldades, julgamentos e eventos de natureza mais ou menos dolorosa ocorreram constantemente durante sua permanência conosco, e ainda assim eu lamento por não ter tido uma associação mais próxima com alguém que, quaisquer que tenham sido seus defeitos, certamente conseguiu uma das maiores obras de seu tempo.

No que concerne à sua obra, há um aspecto que eu gostaria de trazer ao conhecimento de todos, teósofos ou não — um trabalho que creio não ter sido suficientemente estimado e, no entanto, é de extrema importância, tanto do ponto de vista físico quanto espiritual. Em nossas relações com o Oriente, agimos até agora apenas a partir do princípio de dar e receber por interesse próprio. Ninguém negará as vantagens derivadas de ambos os lados, da presença dos ingleses na Índia, riqueza e prestígio por um lado, educação e desenvolvimento material por outro. Mas uma linha de separação foi traçada entre as duas raças, uma linha que foi, no entanto, acentuada pelo missionário em seu esforço em vão para trazer os filhos escuros do solo para a religião da raça dominante. O empreendimento fracassou significativamente e, no entanto, talvez mais do que qualquer outra coisa, ele dividiu o Oriente do Ocidente. O orientalista em seu estudo da língua, literatura e religião orientais tentou em diversos momentos ultrapassar a barreira, mas seu próprio orgulho de raça e a arrogância do conhecimento têm sido obstáculos fatais no caminho. A ideia de que é somente mediante a interpretação ocidental que a filosofia oriental pode ser desvendada, e de que tudo que essa interpretação for incapaz de lidar constitui tão somente o vão absurdo e balbucio de crianças, é a pedra na qual tropeçou a maioria dos estudiosos da filosofia oriental.

Foi o glorioso trabalho de Madame Blavatsky que proporcionou o pleno direcionamento de um novo rumo. *Ex Oriente Lux (Do Oriente vem a Luz) passa a ser* o lema, e a luz deve ser encontrada por meio de fontes orientais, interpretada por professores orientais. O futuro da Índia é o futuro da Inglaterra política, material e espiritualmente; e é a união do Oriente e do Ocidente nos laços da filosofia espiritual, que considero uma das características mais importantes para o bem no trabalho da Sociedade Teosófica. O avanço acentuado no conhecimento que estamos conquistando dia a dia sobre a história filosófica indiana deve ser evidente para todos. Até a poucos anos, quase não havia traduções dos trabalhos de filosofia sânscrita, e o conhecimento do sânscrito em si era limitado a alguns estudiosos aqui e acolá. Toda a tendência do ensino de Madame Blavatsky tem sido despertar a Índia para o conhecimento de sua vida espiritual passada e fazer com que essa vida seja melhor compreendida pelo mundo ocidental. As evidências que marcam o trabalho realizado nessa direção podem ser encontradas nas várias traduções constantemente realizadas de obras sânscritas, e nos esforços dos europeus, tanto dentro como fora da Sociedade, para buscar a sabedoria que há tanto tempo estava esquecida na Índia, embora nunca completamente perdida. A estreita união do Oriente e do Ocidente, na revelação de um lado e, de outro, a aceitação dessa sabedoria espiritual, deverá ajudar a minimizar os efeitos dolorosos dessa luta que deve inevitavelmente ocorrer, na medida em que as raças orientais se elevarem a um sentimento de seu próprio poder na busca de vantagem material.

Muito mais pode ser dito sobre esse assunto, mas este não é o lugar; é suficiente aqui reconhecer com gratidão que neste aspecto, assim como em outros, Madame Blavatsky foi a líder de um trabalho que nós, que afirmamos termos sido seus alunos, bem faríamos esforçando-nos para levá-lo adiante.

Francesca Arundale

Membro da Sociedade Teosófica

22

Vendo pouco; percebendo muito

Qualquer homenagem valiosa à personalidade de Madame Blavatsky só pode vir daqueles que a conheciam muito melhor do que eu. E ninguém que a conheceu pode negar incidentes ou impressões que ilustram as múltiplas faces da personagem mais maravilhosa do século. Lembro-me bem das minhas primeiras palavras com ela em agosto de 1887. Comentei que naturalmente sentia alguma ansiedade por estar na presença de alguém que poderia ler todos os pensamentos. Ela respondeu que tal ato seria desonesto. Eu disse que não deveria chamá-lo exatamente de "desonesto", embora pudesse ser indelicado ou invasivo. Ela respondeu: "Não, isso seria desonesto"; que ela não tinha tanto o direito de se apoderar dos segredos de outra pessoa sem o seu consentimento quanto o de se apoderar de sua carteira: e que ela nunca usava o poder, a menos que a própria pessoa o solicitasse, ou quando algum tipo de circunstância o tornasse imperativo. Como nunca tive nenhum desejo de ver fenômenos, embora acreditando plenamente em sua prerrogativa oculta, nenhuma sugestão para tal surgiu. No entanto, em duas ocasiões, ambas com um propósito benigno, ela tornou evidente sua percepção oculta. A primeira foi uma referência verbal, remota, porém, significativa, a um assunto conhecido por nenhuma outra pessoa viva além de mim. Eu fiquei tão espantado naquele momento que nada retruquei, e o assunto nunca foi reaberto — lamento agora esse fato, pois um diálogo franco poderia ter resultado em um grande benefício para mim, como certamente foi a intenção dela. A outra ocorreu em uma gentil e bela carta me alertando contra erros de julgamento e citando uma frase que eu tinha usado por escrito para um amigo americano. Como que para me certificar de que ela se expressou com base em seu conhecimento oculto, acrescentou que eu tinha usado essa frase no mesmo dia em que ocorreu um incidente extremamente trivial, quando me inclinei para pegar um objeto caído ao chão. Agora, as datas mostraram que essa frase não poderia ter sido repetida a tempo de sua carta chegar em minhas mãos, como de fato, desde então, verifiquei que nunca foi repetida para ninguém; o incidente referido era insignificante demais para qualquer pessoa o transmitir através do Atlântico; e os poucos que sabiam do incidente não conheciam a frase. Ambos os fatos, assim como a concomitante data, devem, portanto, ter sido vistos por ela na Luz Astral.

Uma estadia de mais de três semanas em sua casa, em março de 1889, me proporcionou estreito contato com Madame Blavatsky e me permitiu perceber quão verdadeiras são as afirmações sobre sua personalidade por aqueles que estiveram mais próximos dela. Mas, além disso, e como uma questão de experiência individual, há dois fatos que em razão de sua relevância podem ser a contribuição de alguém que a conhecia de maneira limitada como eu.

O primeiro é uma convicção crescente de sua sabedoria. Em várias ocasiões tive a certeza de que seu julgamento era falho e que logo provaria isso. Quanto a cada uma delas, com uma possível exceção a qual não tenho todos os fatos, o tempo provou que ela estava certa e eu errado. Naturalmente que alguém adquire confiança em uma pessoa superior que é sempre justificada pelo seu próprio sacrifício.

O segundo é um carinho cada vez maior por ela. Eu não a tinha visto por mais de dois anos antes de sua partida, e meu desejo expresso era de que ela nunca aumentasse a sua carga de trabalhos escrevendo para mim. No entanto, sempre tive consciência de uma crescente ligação pessoal, não mera reverência ou lealdade, nem mesmo homenagem, mas carinho. Pequenos atos de bondade, mensagens gentis, sinais atenciosos de que nenhum amigo, mesmo sem importância, era esquecido pelo grande coração que continha tanta coisa e, no entanto, nada perdeu de vista, ajudaram a alimentar uma devoção que de qualquer maneira teria amadurecido. Se eu devo abençoá-la por um grande benefício transcendente que ilumina cada dia de vida, também posso agradecê-la por palavras e atos que o enchiam de alegria. E então acontece que aquele que não era dos mais próximos a ela, nem mesmo um dos que há muito tempo trabalhavam para a Causa, pode se classificar entre aqueles para quem nenhum nome contemporâneo é tão terno, honrado, santificado, sagrado.

Alexander Fullerton

Membro da Sociedade Teosófica

23

Madame Blavatsky à distância

Foi na primavera de 1885 que ouvi pela primeira vez o nome de H.P. Blavatsky e a palavra "Teosofia". Estávamos almoçando e minha anfitriã começou a abrir sua correspondência. Ela jogou um panfleto de lado, impaciente, com a observação:

> "Por que eles me mandam isso? Eu não sou uma teósofa."
>
> "O que é um teósofo?", perguntei.
>
> "Um seguidor dos ensinamentos orientais de Madame Blavatsky."
>
> "E, diga-me, quem é essa madame Blavatsky?"

Com uma exclamação por minha ignorância — uma ignorância causada por circunstâncias que me afastaram de todo contato com o mundo do pensamento —, minha amiga me entregou o panfleto descartado, dizendo:

"Leia isto, e você a conhecerá."

Observação profética! *Isto* era o Relatório da Sociedade de Pesquisas Psíquicas, e por meio dele eu a conheci. Lido com cuidado, ele deixou duas distintas impressões em minha mente.

Primeira. Sua espantosa imperfeição de julgamento. Minha família, de ambos os lados, teve advogados por gerações. Eu estava acostumada a ouvir testemunhos debatidos. A natureza circunstancial da evidência; seu caráter fragmentário; a insuficiência de testemunho; a inadequação da prova; o fato de que uma única testemunha, enviada com o *objetivo* de descobrir uma suspeita de fraude, e uma testemunha cuja avaliação de sua conduta mostrou ingenuidade e falta de equilíbrio, tudo combinado para me encher de surpresa de que qualquer grupo de homens pudesse consentir em emitir juízo tão débil quanto ao seu deliberado julgamento. O Relatório não apresentava evidências para minha mente, exceto a de um imenso preconceito, uma predeterminação para denunciar e condenar.

A segunda impressão que me deixou foi relativa à própria Madame Blavatsky. Eu vi traços de sua imensa atividade, sua intelectualidade, seu trabalho e sua influência. Evidentemente, aqui havia um poder, seja para o bem ou para o mal. Ou ela era uma aventureira, que ultrapassou em muito aquilo que o mundo já conheceu, uma aventureira original que trabalhou muito pelo progresso intelectual e regeu como aqueles escravos que trabalham por nada, nem mesmo por ouro, ou ela era uma mártir. Eu não via meio termo. A força de sua personalidade se apoderou da minha imaginação e causou o desejo de saber quais eram os ensinamentos pelos quais essa mulher enfrentou não só calúnia, pobreza e perseguição mas também o riso de dois continentes, riso que é a arma mais mortal do século XIX. Tamanha impaciência foi gerada em mim, tão intenso foi o meu interesse no problema que se apresentava à minha frente, que naquela mesma tarde decidi ouvir uma palestra proferida pelo Sr. Arthur Gebhard, em um salão particular, e tudo o que ouvi me convenceu, como por iluminação, de que os ensinamentos teosóficos preencheriam uma carência de toda uma vida em minha natureza; que somente eles poderiam me reconciliar com a Vida e a Morte.

Quando esses ensinamentos lançaram sua luz benéfica em meu caminho, abandonei, no que tange ao pensamento consciente, o fascinante quebra-cabeça Blavatsky. A tentativa de desvendar sua personalidade findou. Eu havia começado com uma diversão intelectual; havia encontrado uma grande Verdade, encontrei uma pista do Santo Graal, e tudo o mais foi esquecido. "Não importa o que seja Blavatsky", exclamei; "Teosofia é a Verdade. E a Verdade é o que vale; seus seguidores não são nada". Só foi mais tarde, quando a filosofia se abriu diante de mim, tornando-se imediatamente a estrela e consolo da minha vida, que descobri dentro de mim, bem por acaso, por assim dizer, uma profunda e apaixonada gratidão àquela mensageira que tinha ousado todas as coisas, ofertado todas as coisas, suportado todas as coisas para trazer esse presente eterno de inestimável valor para o mundo ocidental. Ela era minha mãe espiritual, minha benfeitora e minha guia. À luz desse pensamento, todos os menores foram dissipados. A necessidade de entender sua personalidade então desapareceu, para emergir mais tarde. No momento, ela era apenas, para mim, aquela alma a quem eu mais devia. Este endividamento, nada menos que o conhecimento de seus incansáveis e enormes trabalhos, parecia me estimular à imitação daquilo que eu pudesse realizar. Continuamente a ideia de que o único retorno possível que eu poderia oferecer à minha benfeitora era dar aos outros o pão da vida que ela havia me dado, impulsionou-me a uma ação inabalável. Eu parecia sentir, através da distância entre nós, a vasta onda de sua atividade, e como algo a ser sentido de todas as maneiras. Era como se o que ela tivesse ofertado fosse tão vital que germinou dentro de mim; um impulso de vida foi transmitido por sua alma para a minha. Nunca tive a mesma experiência com outra pessoa ou ensinamento. Somente aqueles que passaram por isto podem conhecer a realidade da "multiplicação de energia" possuída por certas grandes almas. Aquilo que Keely demonstrou à ciência moderna — que o atrito da ação interetérica, e o jogo de molécula contra molécula, átomo contra átomo, *libera* força em vez de diminuí-la –, aqui me foi provado, no plano psíquico e à distância, pela ação energética de sua alma sobre a minha. Era tangível, verificável; tinha um pulso, percorria uma graduação; alternada, mas nunca diminuída.

Foi apenas em uma fase posterior que o desejo de entender Madame Blavatsky retornou. A causa imediata desse surgimento foi um ataque contra ela. Senti necessidade de justificá-la, não só para o mundo, mas para mim mesma. Isto é, acreditei nela. Mas eu queria ser capaz de estabelecer a base para essa crença muito claramente, para dar razão (e também intuição) a isso. Achei-me amplamente capaz de fazer isso e por uma razão muito simples. Tornou-se imediatamente evidente para mim que a explicação da personalidade de Madame Blavatsky era encontrada na filosofia ensinada por ela.

Mensagem e mensageiro são a mesma coisa, nas leis do supranatural onde, como (Henry) Drummond coloca, a coesão é a lei das leis. Uma pessoa pode *ensinar* uma verdade e, no entanto, pode não *ser* essa verdade, por não a viver. Mas ela não pode transmitir uma verdade em sua vitalidade, de modo que frutifique — uma energia impulsionadora de poder — noutras vidas, a menos que possua esse impulso de vida, em razão de ela ter nisso se tornado. Ela não pode dar o que não tem. Por exemplo: após deduzir como não comprovados vários relatórios referentes à H.P.B. — relatórios que o tempo abundantemente invalidou —, descobri que esses indícios de leis magnético-etéricas da escola oriental explicariam muitas de suas palavras ou maneiras, como esforços para estabelecer, alterar, contrair ou expandir determinadas vibrações na aura vital, ou no éter, que são agentes dinâmicos de grande poder, quando acionados por certas combinações sonoras conhecidas pelo Adepto. Não era, por exemplo, o significado filológico da palavra que ela dizia que se destinava a ter efeito sobre o ouvinte, mas seu tom ou som ou sua relação vibratória, que estabelecia efeitos nos planos internos e encontrava as condições neles existentes que somente ela podia ver e usar para fins úteis. Ela sempre agiu a partir do plano do Real, e tínhamos apenas sentidos físicos com os quais avaliar sua ação espiritual; daí nosso fracasso. O fato de que a alma é independente do corpo, e pode se ausentar do corpo, deixando apenas um resíduo de força e consciência refletida para dirigir o corpo, representava outras peculiaridades; e assim por diante. Em lugar algum pude encontrar incongruência quando a estudei sob o ponto de vista dos planos internos e menos irreais, e quando eu não conseguia seguir sua natureza poderosa, ainda podia discernir que, sendo o que era, ela só poderia existir em virtude de seguir a Lei, e não de ir contra ela. Quando, além disso, percebi a minha própria ignorância da Lei e daqueles sub-raios chamados leis ou forças da natureza, o problema foi respondido. O fato de sua existência tornou-se assim o fator mais poderoso da minha. Onde me saí bem, ela me inspirou; ela e aquilo que ofertou. Onde me enganei, foi onde me afastei da filosofia e do seu exemplo.

Eu nunca a conheci, nunca olhei em seus olhos. Palavras não podem representar arrependimento. Mas depois de um tempo ela me escreveu, por seu próprio critério e movimento, como alguém que responde de longe ao desejo de um amigo. Pronta a responder se eu pedisse ajuda para outro, silenciosa apenas ao chamado pessoal; cheia de pena e angústia pelos equivocados, pelos desertores, pelos sofredores; solícita apenas pela Causa, pelo Trabalho, assim sempre a encontrei. Embora ela tivesse um coração de leão, ele sangrava; mas nunca se despedaçou. O aroma sutil de sua coragem espalhou-se pelos mares, revigorou e regozijou todo coração sincrônico, levou-nos a fazer e a ousar. Sabendo, assim, do seu efeito sobre nossas vidas, em seu incentivo diário ao esforço altruísta, à verdade e à virtude, podemos sorrir para todo testemunho alheio. Somente de virtudes afins surgem essas virtudes. Ela nunca poderia ter nos fortalecido nessas coisas se não as tivesse possuído em grande medida.

Citando as palavras de alguém que morava na casa com ela: "Podem dizer o que quiserem sobre sua personalidade. Nunca conheci uma melhor. Tinha a robustez e a dignidade do carvalho druídico, e foi bem expressa pelo lema druídico: *A verdade contra o mundo*. Embora no corpo físico ela tenha permanecido desconhecida para mim, dentre todos os Líderes do mundo somente ela me deu a Verdade, ensinou-me como encontrá-la e agarrá-la "contra o mundo". A alma que pode realizar tal milagre à distância não é um raio menor; é um dos grandes Centros Solares que não morrem, embora por um tempo nós a chamemos equivocadamente de Helena Blavatsky.

J. (Julia) Campbell Ver Planck

Membro da Sociedade Teosófica

24

O que ela nos ensinou

Se escrevesse esta pequena recordação simplesmente como uma expressão imperfeita do que H.P.B. foi para mim pessoalmente, e da influência de sua vida e ensinamentos sobre minha própria vida e aspirações, deveria apenas adicionar um testemunho a mais desse carinho e reverência que ela inspirou em todos que aprenderam a entendê-la em algum grau. Havia quem se sentisse atraído a ela pelo magnetismo de sua influência pessoal, por seu extraordinário intelecto, por seus poderes de conversação e até por sua militância não convencional. Mas eu não era um desses. Foi a mensagem dela que me atraiu; foi como professora que aprendi a conhecê-la e amá-la. Além de seus ensinamentos, eu poderia ter olhado para H.P.B. como uma personagem interessante e única, mas não acho que teria sido atraído por ela se sua mensagem não tivesse falado diretamente ao meu coração. Foi por meio dessa mensagem que conheci H.P.B., não como uma mera amiga pessoal, mas como algo infinitamente maior.

Permitam-me, portanto, pensar em H.P.B. como mestra, quero me esforçar para expressar aquilo que ela colocou diante de mim e diante de tantos outros, a aceitação daquilo que nos uniu por meio de laços que a morte não pode romper.

Primeiro, e acima de tudo, ela nos mostrou o *propósito da vida*.

E quando digo isso, quero dizer muito mais do que pode ser comumente entendido por essa frase. Quero dizer muito mais do que isso, ela nos deu interesse e um motivo nessa presente vida, e uma crença ou fé em relação à próxima. Aqueles que aprenderam a lição da natureza ilusória daquilo que a maioria dos homens chama de *vida*, seja aqui ou no futuro, precisam inspirar-se numa fonte mais profunda que aquela disponível no mundo externo das formas. Mas para quem nasceu místico geralmente há um longo período de espera e busca, antes que essa fonte seja encontrada. Muitos anos são gastos testando e rejeitando primeiro um sistema, depois outro, até parecer que a vida não pode ser senão um problema sem esperança. E talvez quando tudo parecia mais sombrio e sem esperança, quando até parecia melhor abandonar a busca, assumir a posição "não sabemos e não podemos saber", foi então que a luz amanheceu, a professora foi enviada: a palavra foi dita, a qual recordou a memória perdida daquela fonte oculta da verdade pela qual estamos buscando; e retomamos mais uma vez, do ponto em que a largamos numa vida anterior, aquela grande tarefa que nos propusemos realizar.

E assim ela fez algo mais do que nos ensinar um novo sistema de filosofia. Ela juntou os fios da nossa vida, aqueles fios que correm de volta ao passado, e avançam no futuro, mas que não fomos capazes de rastrear, e nos mostrou o padrão que estávamos tecendo e o objetivo de nosso trabalho.

Ela nos ensinou *Teosofia* — não como uma mera forma de doutrina, não como uma religião, ou uma filosofia, ou um credo, ou uma hipótese de trabalho, mas como *uma força viva em nossas vidas.*

É inevitável que o termo *Teosofia* venha a ser associado a certo conjunto de doutrinas. Para que a mensagem possa ser dada ao mundo, ela deve ser apresentada de forma definida e sistemática. Mas, ao fazer isso, ela se torna *esotérica*, e nada que seja *esotérico* pode ser permanente, pois pertence ao mundo da forma. Ela nos levou a olhar abaixo da superfície, por trás da forma; fazer do *princípio* o verdadeiro motivo de nossa vida e conduta. Para ela o termo *Teosofia* significava algo infinitamente maior do que poderia ser colocado ao mundo em qualquer *Chave para a Teosofia* ou *Doutrina Secreta.* A abordagem mais próxima a isso em qualquer um de seus trabalhos publicados está em *A Voz do Silêncio*[48]: mesmo assim, esse livro transmite apenas imperfeitamente o que ela teria — se o mundo tivesse condições de entender — ensinado e incluído no termo *Teosofia.*

A nota chave de seus ensinamentos, a nota chave de sua vida, foi: *Autossacrifício.*

48 Vide nota 18 (afs. 300 e 307). (Nota Ed. Bras.)

Mas para, Discípulo... Ainda uma palavra. Podes destruir a divina COMPAIXÃO? Compaixão não é atributo. É a Lei das LEIS — a eterna Harmonia, o EU de *Ālaya*; uma essência universal sem limite, a lei da Justiça eterna, o equilíbrio de todas as coisas, a lei do amor perpétuo...

Agora incline a cabeça e ouça bem, ó *Bodhisattva* — diz a Compaixão: 'Pode haver bem-aventurança quando deve sofrer tudo o que vive? Quererás salvar-te ouvindo todo o mundo chorar?

E assim, embora a Teosofia doutrinária fale de *Devachan* e *Nirvāna*: de descanso para o cansado peregrino da vida; de um objetivo final de felicidade, além de todo pensamento e concepção; no entanto, para aqueles que são capazes de entendê-la, diz que há algo superior e ainda mais nobre, que apesar de ser três vezes maior aquele que "atravessou e venceu o Caminho Aryahata", maior ainda é aquele que tendo ganhado o prêmio pode colocá-lo de lado e "permanecer altruísta até o infinito fim".

E assim H.P.B. frequentemente nos apontava aqueles homens e mulheres que eram verdadeiros teósofos, embora estivessem fora do movimento teosófico, e que até pareciam antagônicos a ele. Já no mundo, um *teósofo* passou a significar alguém que acredita em Reencarnação e *Karma*, ou em alguma outra doutrina distintiva. Mas o termo nunca foi assim limitado em sua aplicação pela grande fundadora da Sociedade Teosófica. Ela ensinou essas doutrinas com o fim de que os homens se dissociassem de todas as formas de doutrina, e alcançassem o *Self de Ālaya*. Não existe uma doutrina mais antiga que a da Divina Compaixão, da Fraternidade Universal. É a essência de todos os ensinamentos de todos os Budas e Cristos que o mundo já conheceu. Está acima de todas as doutrinas, de todos os credos, de todas as fórmulas; é a essência de toda religião. No entanto, os homens sempre perdem isso, perdem o único princípio que pode salvar o mundo e refugiam-se nos desejos egoístas de sua natureza inferior.

O individualismo é a nota-chave da civilização moderna; competição e sobrevivência do mais apto, a base prática de nossa moralidade. Nossos filósofos e professores científicos modernos fazem todo o possível para reduzir o homem ao nível de um animal, para mostrar sua linhagem, sua ancestralidade e seu gênio como pertencentes à criação bruta, sendo condicionados por leis brutais de força cega e matéria morta. Não é de se surpreender, então, que aquele que acreditou tão ardentemente na natureza divina do homem, na lei divina do amor, deva se opor com desdém aos ensinamentos da religião e da ciência que assim degradam a humanidade.

E ela pagou o preço inevitável. Incompreendida, caluniada e difamada até o último grau, viveu a vida de uma heroína e morreu a morte de uma mártir. Só aqueles que eram seus amigos íntimos sabiam como ela sofria, mental e fisicamente. O homem que morre de cara para o inimigo, lutando até o fim embora coberto com feridas, é considerado um herói. Mas no calor da batalha há esquecimento da dor, há uma força sobre-humana de loucura e frenesi. Muito mais deveria ser ela considerada uma heroína, pois pôde se agarrar à vida e trabalhar como nenhuma outra mulher trabalhou, ao longo de anos de tortura física e mental.

Há alguns anos, ela estava à beira da morte. Humanamente falando, ela deveria ter morrido, então. Ela foi desenganada pelos médicos; ela mesma sabia que estava morrendo, e se regozijou grandemente. Mas o Mestre veio até ela, mostrou-lhe o trabalho que ainda deveria ser feito, e deu a ela sua escolha — a felicidade de morrer ou a cruz de viver.

Ela escolheu a cruz. E assim não apenas ela nos ensinou o significado da Teosofia como preceito, mas também pelo exemplo. Ela mesma era a maior das teósofas, não meramente porque fundou o movimento e restaurou para o mundo os tesouros da sabedoria antiga, mas porque ela própria fez a "*Grande Renúncia*".

William Kingsland

Membro da Sociedade Teosófica

25

Da India

[Babula, o ajudante hindu de H.P.B., escrevendo de Adyar, enviou um editorial que apareceu no *Indian Mirror* de 13 de maio. A "Humanidade", diz ele, "sofreu uma perda irreparável com sua morte repentina. Com lágrimas nos olhos, escrevi essa breve nota." Imprimimos o editorial, dentre esses artigos memoráveis, como um testemunho do Oriente que ela tanto amava.]

Foram-se a glória da grama,
E o esplendor da flor!"

Helena Petrovna Blavatsky cessou de existir neste plano terrestre. Ela nos deixou. A morte de Madame Blavatsky é um golpe para todo o mundo. Não era ela dessa ou daquela nação. A vasta Terra era seu lar, e toda a humanidade eram seus irmãos, e esses irmãos estão agora mergulhados em luto pela perda de uma irmã inestimável. Para nós mesmos, atordoados como estamos com uma dor ofuscante, é impossível perceber a enormidade dessa perda. Nossa afeição por Madame Blavatsky era tão pessoal, almejávamos vê-la em carne e osso mais uma vez na Índia e apertar sua mão sagrada que, agora que esse desejo foi cruelmente esmagado pela morte, um estupor tomou conta de todos os nossos sentidos, e estamos escrevendo como se fosse mecanicamente. Recordamos os traços da querida senhora, que agora é certamente uma santa, seus rápidos movimentos, o rápido fluxo de palavras, aqueles leves e brilhantes olhos que viam através de você e, de relance, o transformavam de dentro para fora — depois a contemplávamos, amável e gentil como mãe, e sábia como pai, derramando fé, esperança e consolo em seus ouvidos, ao mencionar suas dúvidas e suas ansiedades — lá Madame Blavatsky, ou H.P.B., como ela adorava ser chamada, e como amigos amorosos sempre a chamavam com afeto, lá H.P.B. está diante de nós agora, toda ela, livre de doenças e, parece sussurrar para nós a fé maior, que a animou ao longo da vida, aquela confiança no propósito infinito, que é tanto o *karma* como o destino do Homem Divino!

Madame Blavatsky foi decididamente a pessoa mais notável que esta era produziu. Toda a sua vida foi simplesmente extraordinária. Não existe padrão humano com o qual julgá-la. Ela sempre se destacará sozinha. Houve apenas uma Madame Blavatsky, nunca haverá outra. Sempre foi difícil compreendê-la em todos os momentos, ela costumava ser o maior quebra-cabeça para seus amigos mais íntimos, e o mistério de sua vida foi apenas parcialmente revelado. Mas as gerações futuras terão chegado a uma suficiente distância no tempo que as libertarão de preconceitos circunstanciais e lhes possibilitarão conferir um julgamento preciso sobre a vida e obra de

Madame Blavatsky, e afirmamos com confiança que, antes de muitos anos se passarem, será ela considerada um *Avatar*, uma encarnação sagrada, e honras divinas serão ofertadas em sua memória.

A história da vida de Madame Blavatsky surgiu enquanto ela ainda estava viva, e foi lida com admiração em todos os lugares. Não há paralelo a tal biografia, como assinalou o Sr. Sinnett. É a história de uma criança rebelde e fantasiosa, lentamente brotando na feminilidade, desfrutando de experiências curiosas e surpreendendo e assustando, por sua vez, os residentes de um nobre e elegante lar russo. Então vem o casamento com o General Blavatsky, marido que a menina viu como uma brincadeira e fugiu imediatamente depois, sem dar tempo ou oportunidade a ele de fazer valer seus direitos conjugais. Então seguimos a mulher excêntrica de grande alma em suas andanças no Oriente, obediente ao chamado oculto, que ela ouviu na infância. E o Oriente a reivindicou como sua desde então. Mas seus ossos não foram enterrados no Oriente. Nossos leitores lembrar-se-ão de que tal esperança foi expressa por nós há apenas alguns dias, mas, naquele momento, não tínhamos nenhum medo de que a morte dela pudesse ocorrer tão cedo. Na verdade, nós estávamos nos preparando para convidá-la de volta e pedir que ela passasse seus últimos anos na Índia. Pois a Índia, ou mais propriamente o Tibete, era a terra prometida para Madame Blavatsky. Foi lá que ela adquiriu seu extraordinário aprendizado e seu maravilhoso conhecimento do mundo — antigas religiões e filosofias do Oriente, e sempre humildemente e com gratidão, ela professou ser a serva e o instrumento mundano dos Mestres, que a receberam, ensinaram e protegeram. Mas se não fossem os Mestres, ela teria morrido em pouco tempo, pois durante suas andanças mundiais ela contraíra germes de muitas e complicadas doenças. Antes da final partida da Índia, sua vida fora desenganada e, para seus médicos, foi uma verdadeira maravilha ela ter conseguido superar. Mas àquela época, ela ainda não tinha completado o principal trabalho de sua existência. A mensagem dos Mestres ainda não havia sido totalmente entregue. Foi posteriormente entregue ao mundo por meio desta monumental obra, *A Doutrina Secreta*.

Pode-se dizer que madame Blavatsky viveu e morreu literalmente pela Índia. A Sociedade Teosófica foi fundada expressamente para disseminar as religiões e verdades filosóficas do Vedanta e do Budismo entre as nações ocidentais. Mas essas verdades eram conhecidas parcialmente no próprio país. Necessário foi, portanto, que Madame Blavatsky transferisse seus trabalhos para nós, e durante vários anos ela se tornou um sacrifício vivo, para benefício dos hindus, que, no entanto, afastaram-se dela com a maior ingratidão, quando ela mais necessitava do apoio deles. Mas agora eles foram corretamente punidos. Sua terra não se tornou sagrada, como ocorreu com a dos ingleses, em razão de sua tumba ou mausoléu. E os teósofos ingleses foram certamente muito mais fiéis a ela do que nós na Índia. Deles é e será a extraordinária recompensa. Mas não devemos nos esforçar para limpar a censura e a vergonha? Só podemos fazê-lo mediante a construção desse memorial à Helena Petrovna Blavatsky, que expressará a força e extensão do nosso arrependimento, e o nosso apreço por tudo o que ela fez pela Índia.

Babalu

26

A partida de "H.P.B."

Há certos sofrimentos que qualquer pessoa preferiria suportar em silêncio, uma vez que as palavras são pobres demais para lhes fazer justiça. Por um desses, os membros da Sociedade Teosófica e eu, especialmente, agora estamos passando. Nossa perda é grande em demasia para ser adequadamente expressa. Amigos e conhecidos comuns podem ser substituídos e até esquecidos com o tempo, mas não há ninguém para substituir Helena Petrovna, nem pode ser ela esquecida. Outros têm alguns de seus dons, nenhum tem todos eles. Esta geração não viu ninguém como ela, a próxima provavelmente também não verá. Considere-a em todos os seus aspectos, com seus méritos e deméritos, seus brilhantes e escuros humores, suas virtudes e suas fraquezas, ela se eleva acima de seus contemporâneos como uma das personagens mais pitorescas e marcantes da história moderna. A vida dela, como eu a conheci, nos últimos dezessete anos, na qualidade de amigo, colega e colaborador, foi uma tragédia, a tragédia de uma mártir-filantropa. Ardendo em zelo em prol do bem-estar espiritual e o fortalecimento intelectual da humanidade, movida por nenhuma inspiração egoísta, entregando-se livremente e sem preço ao seu trabalho altruísta, ela foi perseguida até o dia de sua morte pelo difamador, intolerante e pelo fariseu. Esses desgraçados não querem nem que ela durma em paz, e agora estão contaminando seu caixão na vã esperança de manchar sua memória — como fizeram os católicos romanos com as de Cagliostro e St. Germain, antecessores dela — por meio de suas biografias mentirosas. O esquema deles falhará, porque ela deixou para trás uma multidão de testemunhas prontas para fazer justiça ao seu caráter e para mostrar a pureza de seus motivos. Ninguém mais que eu, pois desde nosso primeiro encontro, em 1874, somos amigos próximos imbuídos de um objetivo comum e em simpatia fraterna, trabalhando em linhas paralelas em direção a um objetivo comum. Em temperamento e habilidades tão diferentes quanto duas pessoas poderiam muito bem se apresentar, e muitas vezes discordando radicalmente em detalhes, éramos, no entanto, uma só mente e coração em relação ao trabalho à nossa frente e em nossa reverência e lealdade a nossos Professores e Mestres, seus planejadores e observadores. Nós dois os conhecíamos pessoalmente, ela cem vezes mais intimamente que eu, e isso tornou a ruptura de nosso relacionamento uma questão tão impensável quanto a dissolução do vínculo da irmandade uterina. Ela era para mim uma irmã num sentido peculiar, como se não houvesse um período de início de nossa aliança, mas antes uma consanguinidade psíquica que data de vidas terrestres anteriores. Ela era eminentemente uma personalidade dupla, uma delas muito antagônica para mim e para alguns outros. Seus problemas de saúde quase constantes e a falta de contato entre ela e a sociedade moderna a deixavam irritada, inquieta e frequentemente — penso — injusta. Mas ela nunca foi banal. Eu a amava pela outra, o Eu Superior, que também foi o mais misterioso. Alguém nos vendo juntos teria dito que eu tinha toda a sua confiança, mas o fato é que, apesar de dezessete anos de intimidade no trabalho diário, ela foi um enigma para mim até o fim. Muitas vezes eu pensava conhecê-la perfeitamente, e atualmente descubro que havia abismos mais profundos em sua pessoa que eu não havia percebido. Nunca consegui descobrir quem ela era, não tanto a Helena Petrovna, filha dos Hahns e Dolgoroukis, cuja linhagem era fácil de rastrear, mas como "H.P.B.", a misteriosa individualidade que escreveu e realizou maravilhas. Sua família não fazia ideia de onde ela obteve o seu incansável fluxo de curiosa erudição. Escrevi perguntando isso à sua respeitável tia, logo após o início da redação de *Ísis Sem Véu*, mas ela não pôde me apresentar pista alguma. Madame Fadeyef respondeu: "Quando a vi pela última vez" — há cerca de cinco anos — "ela não sabia, mesmo em seus sonhos, as coisas aprendidas que você conta estar ela agora discutindo". Ajudei H.P.B. naquele primeiro de seus maravilhosos trabalhos, *Ísis*, e vi escritas ou editadas todas as páginas do seu manuscrito e toda a galeria de suas provas. A produção desse livro, com suas inúmeras citações e sua singular erudição, foi um milagre suficiente a me mostrar, de uma vez por todas, que ela possuía dons psíquicos da mais alta ordem. Mas havia muito mais provas que essa. Frequentemente, quando nós dois estávamos trabalhando sozinhos em nossas escrivaninhas durante a noite, ela ilustrava suas descrições dos poderes ocultos no homem e na natureza por fenômenos experimentais improvisados. Agora que olho para o passado, posso ver que esses fenômenos foram aparentemente escolhidos com o planejamento específico de me educar em ciências psíquicas, como os experimentos de laboratório de Tyndall, Faraday ou Crookes são planejados de maneira a conduzir o aluno *seriatim* (em sequência), ao longo do currículo de física ou química. Não havia então Coulombs em cima da lama, ninguém para enganar, ninguém esperando presentes de joias, ou poderes do yoga, ou dicas especiais sobre o atalho para o Nirvāna: ela apenas queria minha ajuda literária em seu livro; e, para me fazer compreender as leis ocultas envolvidas na discussão do momento, ela provou experimentalmente o terreno científico em que se encontrava. Assim, mais coisas me foram mostradas que nunca foram escritas a respeito, mais do que todas as obras maravilhosas que o público leu sobre ela ter feito na presença de outras testemunhas. Seria estranho, então, que todas as histórias e relatos humilhantes de críticos interessados, sobre seus truques e charlatanismo, não tenham abalado o meu conhecimento de seus reais poderes psíquicos? Não seria natural que eu, que fui favorecido além de todos os outros na Sociedade Teosófica com essas provas válidas; a quem foram mostradas as realidades da química e da física transcendental e as maravilhosas potências dinâmicas da mente, vontade e alma humanas; que foi conduzido por ela no encantador caminho da verdade que tenho trilhado alegremente desde então; e a quem foi possibilitado ver, conhecer e conversar pessoalmente com os Mestres Orientais — não seria natural amá-la como amiga, valorizá-la como mestra e manter sempre sagrada a sua memória? Viva, eu podia discutir com ela, mas morta, devo apenas lamentar sua perda irreparável e redobrar meus esforços para continuar nosso trabalho conjunto.

Parece-me ser este o momento adequado para responder a muitas perguntas sobre o que penso sobre os conspiradores Patterson-Coulomb-Hodgson contra minha querida amiga. Os jornais hostis estão requentando *ad nauseam* aquelas carnes assadas no funeral. Onde quer que eu palestrasse na Austrália, havia dejetos para agitar o fétido composto. Afirmo, então, que não considero comprovadas as acusações. Mais do que isso, ninguém pode provar, a menos que tenha o dom de ler a consciência mais profunda dos acusadores e acusados. No mesmo dia em que as acusações contra ela foram publicadas pela primeira vez no *Times*, ela — então em Londres — escreveu ao jornal uma indignada negativa. Não vejo provas desde então para apoiar o contrário. As alegadas cartas para a sra. Coulomb nunca foram mostradas a ela ou a mim; os Coulombs se autoacusam quanto à honestidade de caráter; o relatório do Sr. Hodgson evidencia sua grande ignorância, à época, das leis psíquicas e mediúnicas e as regras indispensáveis à pesquisa espiritualista, mesmo as regras mais comuns da evidência legal; a análise elaborada de Nethercliff das cartas de Koot Hoomi e H.P.B. é uma farsa para o psicólogo experiente e, além disso, foi completamente anulada pela análise de congruência, feita pelo igualmente notável jurado especialista do Supremo Tribunal Imperial de Berlim; e a vida e os trabalhos de H.P.B. desmentem distintamente as suposições preconceituosas apresentadas contra ela. Por fim, temos o fato convincente de ela ter exibido estranhos poderes psíquicos desde a infância, e especialmente em Nova Iorque, depois do outono de 1874, na presença de muitas testemunhas incontestáveis. Não hesito por um momento, dadas as circunstâncias acima, aceitar sua simples negação em lugar do mais elaborado palpite e do apelo especial e sofisticado de seus detratores. Posso ter sido hipnotizado, como alegado, mas, se assim o for, não reconheço esta condição.

Muito se tem comentado sobre o fato de que ela não foi à Corte para justificar seu caráter contra as difamações palpáveis dos missionários e aliados. Sobre isso, *ela não tem culpa*: muito pelo contrário. Mas se não fosse pelos meus veementes protestos, ela teria convocado os adversários para os Tribunais de Madras assim que voltasse de Londres, via Cairo, em 1884. Um amigo havia lhe oferecido Rs. 10.000 (rúpias[49]) para cobrir as despesas. Faltavam apenas duas semanas para a Convenção Anual da nossa Sociedade — 27 de dezembro de 1884 — e insisti para que ela esperasse até que um Comitê Judiciário Especial da Convenção a aconselhasse sobre o curso adequado da questão. Éramos, eu disse a ela, propriedade da Sociedade, e éramos obrigados a anular nossas preferências particulares e a nós mesmos, em prol do bem público. Ela era teimosa a tal ponto, que eu *tive que ameaçar deixar minha posição oficial* para que ela ouvisse a razão. A Convenção se reuniu e o caso foi encaminhado a um Comitê composto por juízes hindus e outros senhores com conhecimento jurídico de alto nível oficial e privado.

Eles se pronunciaram em unanimidade contra H.P.B. ir à Corte em razão do seguinte motivo: porque havia apenas a sombra de uma

49 Rúpia — moeda oficial da Índia. (Nota Ed. Bras.)

chance de obter justiça de um júri anglo-indiano preconceituoso, em qualquer caso que envolvesse questões da ciência religiosa oriental (*Yoga*) ou a existência de (para os envolvidos no processo) *Mahatmas* inacessíveis; e, por outro, porque nem um veredicto favorável nem desfavorável provavelmente mudaria as opiniões daqueles que sabiam e não sabiam a verdade sobre os poderes psíquicos (*Siddhis*) e a posse que ela tinha deles; enquanto, finalmente, os sentimentos mais sagrados de hindus e budistas certamente ficariam indignados com as provocações dissolutas dos conselhos, ao examinarem as testemunhas sobre questões de conhecimento ou crença pessoal. A Convenção adotou por unanimidade os pontos de vista do Comitê, e H.P.B. foi forçada a ceder à maioria e ter a coragem para suportar as consequências. O ultrajante caso *Salem Riot*,[50] que estava então fresco na memória do público, deu grande peso à decisão do Comitê no presente caso.

Embora contida, H.P.B. não estava convencida, e, se não fosse a constante oposição de seus melhores amigos, teria ido ao tribunal em várias etapas posteriores da controvérsia, quando os insultos pessoais mais grosseiros foram usados como isca para atraí-la para a armadilha engendrada por seus inimigos, cujo ódio mais amargo sempre havia sido contra ela pessoalmente. Ela se irritava como uma leoa enjaulada e, assim, agravava suas doenças físicas, a saber, um tipo da doença de Bright, uma afecção do coração e uma tendência à apoplexia. O clima a enfraqueceu e a preocupação a estava matando

50 *Salem Riot* = *Os distúrbios de Salem*, de 1882, é uma expressão usada para se referir a graves distúrbios hindu-muçulmanos que ocorreram na cidade de Salem, Tamil Nadu, na então Presidência de Madras, em agosto de 1882. Fonte: Wikipedia (inglês). (Nota do tradutor)

tão rapidamente que sua conselheira médica finalmente me concedeu o seguinte atestado:

> Certifico que Madame Blavatsky está totalmente inapta para a constante excitação e preocupação a que está exposta em Madras. A condição de seu coração torna uma quietude perfeita e um clima adequado essenciais. Por isso, recomendo que siga imediatamente para a Europa e permaneça em um clima temperado, em algum lugar tranquilo.
>
> (Assinado) MARY SCHARLIEB,
> M.B. e B.Sc., *Londres.*

A Drª. Scharlieb me alertou em particular que H.P.B. poderia vir a falecer a qualquer momento, num de seus paroxismos de excitação. Depois disso, não perdi tempo — creia o leitor — em mandá-la para a Itália, da maneira mais discreta possível. O marido da Dra. Scharlieb supervisionou seu embarque, fornecendo a maca sobre a qual ela foi transportada e conseguindo que o capitão do navio francês a embarcar-se, a partir de um pequeno barco, numa cadeira de rodas, pendurada por fundas (correias de couro). Esse foi o pretenso voo de Madras para escapar de ser citada como testemunha num caso então pendente — por cuja calúnia o Rev. Mr. Patterson, da Missão Escocesa, se responsabilizou por escrito. Desde aquele dia, nossa querida amiga nunca mais viu a Índia, em corpo. Desde então até o dia de sua morte ela esteve sob o constante atendimento médico, na maioria das vezes extremamente doente e sofrendo. Por duas ou três vezes, pedi que ela saísse durante pelo menos um inverno; ela estava disposta, mas seu médico, Dr. Mennell, recusou categoricamente a dar seu consentimento, alegando que ela provavelmente morreria no mar. Em janeiro e fevereiro de 1885 ela esteve às portas da morte, e duas vezes em um mês eu fui convocado de volta a Rangoon para receber seus últimos desejos.

Em 21 de março de 1885, ela se dirigiu ao Conselho Geral, insistindo que concedesse sua permissão para se aposentar, dizendo:

> Minha doença atual é declarada mortal por meus atendentes médicos, e não me prometem nem mesmo um ano de vida.... Deixo com vocês, a um e a todos, e a cada um dos meus amigos e simpatizantes, minha despedida amorosa. *Se essa for a minha última palavra, eu imploraria a todos vocês, como vocês consideram o bem-estar da humanidade e seu próprio* karma, *para serem fiéis à Sociedade e para não permitirem que ela seja derrubada pelo inimigo.*
>
> Fraternalmente e sempre vossa, na vida e na morte,
>
> (Assinado) H.P. BLAVATSKY.

E, ainda assim, apesar de seu estado físico horrível, ela trabalhava em sua escrivaninha doze horas por dia, ano após ano. Os monumentos de sua indústria literária entre 1885 e 1891 são *A Doutrina Secreta, A Chave para a Teosofia, A Voz do Silêncio, Gemas do Oriente*, os vários volumes de sua nova revista *Lucifer*, suas contribuições em russo e francês para revistas continentais, grande parte de manuscritos não publicados para o *Vol. III* de *A Doutrina Secreta*, e sua Seção Esotérica, ou escola particular de ensino de filosofia e ciência ocultas, que, quando de sua morte, dela participavam entre um e dois mil alunos comprometidos e entusiasmados. É isso charlatanismo, esse trabalho incansável do cérebro e da alma para reunir e espalhar conhecimento para o bem de outros? Se assim for, vamos orar pela evolução de muitos charlatães. Alguém sem preconceitos acredita que uma pessoa pudesse mostrar tanto sacrifício e demonstrar tal aprendizado enciclopédico, inclinar-se-ia para os truques mesquinhos e inúteis descritos nas insinuações e acusações de seus acusadores? Por piedade, deixe a leoa morta descansar em paz e procure uma carcaça mais ignóbil sobre a qual vomitar.

São espantosas as falsidades superficiais que foram — ou melhor, que são, nessa mesma hora em que escrevo — difundidas contra ela. Entre elas, talvez as mais perversas sejam acusações de imoralidade[51], porque o fato é — como prova o atestado cirúrgico de uma eminente especialista alemã — que ela era fisicamente incapaz de se entregar a essa conduta, e de ser mãe. Isso descarta uma série de histórias vis que a prejudicaram. Mas ninguém que tivesse passado um dia em sua companhia poderia ter a menor suspeita de que ela se sentia como as outras mulheres nesses assuntos — se alguma vez existiu um ser assexuado, esse ser foi ela. E nem ela, nos anos em que convivemos, bebeu um copo de qualquer tipo de bebida alcoólica. Ela fumava incessantemente, sem dúvida, de acordo com sua moda nacional russa, e usava linguagem forte e era excêntrica até certo ponto, na maioria das coisas de natureza

51 Calúnias condenáveis que foram amplamente divulgadas por jornais conservadores (!).

convencional; mas não era ladra, prostituta, bêbada, guardiã de jogos de azar, nem qualquer outra dúzia de coisas criminosas pelas quais foi imprudentemente acusada de ser, por um conjunto de escritores escandalosos que não merecem limpar os sapatos dela. Seu dia de vindicação ainda não chegou, e não sou eu, por muito tempo seu amigo mais íntimo, a pessoa mais adequada para lhe conferir justiça imparcial. No entanto, ele virá, e então a mão que encerra o veredicto da posteridade, sem dúvida, escreverá seu nome honrado, não entre os pobres charlatães que reivindicam a oportunidade de renome sem proveito, mas no alto, ao lado de Abou Ben Adhem,[52] que amava seus semelhantes.

Ao receber em Sydney, via telegrama — e de outra forma — a notícia de sua morte repentina, cancelei minhas turnês na Nova Zelândia e na Tasmânia e embarquei no próximo navio a vapor para a Europa — a bordo do qual estou escrevendo este depoimento, com o coração pesado e a caneta tropeçando. Marquei, via telegrama, uma reunião extraordinária do Conselho Geral em Londres, na qual serão determinados os planos futuros da Sociedade. Embora nos seja impossível substituir H.P.B. por qualquer pessoa desse lado do Himalaia, ainda assim o trabalho continuará em suas diretrizes gerais, sem um momento de interrupção. Antecipei a morte dela há muitos anos, para ficar desconcertado e desanimado com isso, agora que o raio caiu. Tínhamos, cada um, nosso departamento de trabalho — dela o místico, meu o prático. Em sua seara, ela me superou

52 "Abou Ben Adhem" é um poema de Leigh Hunt, figura-chave do movimento romântico na Inglaterra. O poema concentra-se em um evento na vida do santo sufi Ibrahim bin Adham (anglicizado por Abou Ben Adhem...) — Fonte: LitCharts. (Nota do tradutor)

infinitamente e a todos os seus colegas. Não reivindico absolutamente o título de metafísico, nem nada além de um bloco de conhecimento muito humilde. Mesmo que nenhuma outra página de ensino místico deva ser ofertada, há o suficiente para proporcionar a esta geração chave após chave, a fim de destrancar os portais fechados do templo da verdade. Os sedentos, após a novidade, podem se desanimar, mas ao verdadeiro místico nada faltará que seja essencial.

Postscriptum — Colombo, 10 de junho. Ao chegar, recebo todos os detalhes de nossa terrível catástrofe. H.P.B. respirou pela última vez às 14h25, na sexta-feira, 8 de maio; sentada em sua grande poltrona, a cabeça apoiada pela querida amiga Srta. Laura Cooper, as mãos envolvidas pelas dos senhores Wright e Old, membros de sua equipe. Seu dedicado e altruísta médico, Dr. Z. Mennell, a deixara cerca de uma hora antes, convencido de que ela se recuperaria. Houve uma reação repentina e, após uma luta ineficaz pela respiração, ela desmaiou no mundo das sombras — o vestíbulo do mundo da luz e do conhecimento perfeito. Seus restos mortais foram, a seu pedido, cremados em Woking, perto de Londres, na presença de um número considerável de amigos dela e da Sociedade. As cinzas foram recuperadas após um breve atraso de duas horas e devem ser preservadas em uma urna de prata. A imprensa de Londres fervilhou de artigos, principalmente de caráter cruel e pessoal, mas todos concordando com o reconhecimento de sua grandeza pessoal. A *Birmingham Gazette*, de 12 de maio, expressa-se sobre o caso, enfaticamente: "A Senhora Blavatsky foi uma mulher do mais transcendente poder, com uma missão quase divina, ou foi a charlatã mais sem vergonha da época". Nós, seus íntimos, não hesitamos em colocá-la na primeira categoria.

> Se ela fosse uma impostora", diz a *B.G.*, "e deliberadamente uma impostora, nenhuma palavra pode expressar a aversão com que sua impiedade e mentira devem ser consideradas. Se não fosse ela uma impostora, mas 'uma mensageira dos Mestres', o mundo, ao despertar para a verdade, sempre se arrependerá de ter recusado recebê-la e, até o fim, de ter ridicularizado suas doutrinas e suspeitado de seus motivos. Na vida da Sra. Blavatsky não existe um ponto negro a ser detectado pelo microscópio do crítico. Ela fez boas ações. Ela pregou pureza e abnegação. Ela ensinou que a virtude era excelente pelo bem da virtude. Sua filantropia era bem conhecida e seus trabalhos beneficentes em prol dos escravos do Extremo Oriente foram reconhecidos e apreciados. Tanto quanto o exemplo pessoal poderia testemunhar, ela era uma mulher digna de admiração. Mas no momento em que sua religião foi considerada, e mais especialmente os meios adotados para provar sua justiça e sua inspiração divina, a confiança foi abalada.

Esse é o ponto crucial: deixe a posteridade julgar entre ela e seus detratores.

> Sem dúvida — continua o mesmo artigo — essas pessoas possuem crença sincera. Relutamos a chamar a Sra. Blavatsky de maquinadora, uma fraude e uma ímpia romancista. Preferimos pensar que ela trabalhou sob alucinações e que, no desejo de fazer um grande bem, foi

levada a truques, subterfúgios e enganos. Não é admirável que ela tenha obtido um séquito; é apenas lastimável.

Existe apenas uma característica redentora no movimento teosófico. Ele visava fazer o homem considerar sua vida preciosa e digna de purificação; e se esforçou para levar a raça humana a considerar a si mesma como uma comunidade, unida no grande esforço de aprender sobre o seu relacionamento, um com o outro, e com seu Criador.

Não precisamos discutir sobre termos teológicos, desde que nossos críticos admitam que seguimos objetivos tão nobres quanto os acima definidos. Somente um fanático truculento poderia nos negar essa justiça.

Nossos informantes particulares de Londres relatam que cartas e telegramas de condolências chegaram em profusão. Minha experiência na Austrália e aqui em Colombo foi a mesma. Agradeço a todos os amigos por sua gentileza. Nossas escolas budistas no Ceilão foram fechadas por dois dias como um sinal de respeito e, após minha palestra sobre a "Austrália", em Colombo, na noite de 12 de junho, aceitei promessas de assinaturas no valor de Rs. 500 (rúpias) para um "Fundo de Bolsas de Estudo Blavatsky", cujo proveito deve ser em apoio a duas meninas budistas que frequentam nossas escolas. Alguns pensaram em colocar placas memoriais, mas eu considerei este o melhor plano. É o que eu mesmo iria preferir, e tenho certeza que ela também o faria. Quais são as grandes placas ou estátuas para esta peregrina cansada que saiu de nossa vista para ir à presença dos SÁBIOS? Que seu memorial sejam os preceitos de ouro que ela traduziu do Volume

Místico. Que o discípulo em luto chore — não por sua morte, mas pelo que ela sofreu em vida, no corpo e na alma, de maneira injusta ou justa, tanto quanto o seu *Karma Prārabdha*[53] possa ter resolvido. Ela conhecia bem a amargura e a melancolia da vida física, muitas vezes dizendo-me que sua verdadeira existência só começava quando, todas as noites, colocava seu corpo para dormir e saía dele para encontrar os Mestres. Posso acreditar que, muitas vezes sentado e a observar do outro lado da mesa, percebia que ela estava longe do corpo, e percebia quando então ela retornava do seu voo anímico e reocupava seu corpo, por assim dizer. Quando ela estava fora, seu corpo se mostrava como uma casa escura; quando ela estava lá, era como se as janelas estivessem brilhantes, com luzes em seu interior. Quem não viu essa mudança, não consegue entender por que o místico chama seu corpo físico de "sombra".

O entusiasmo de H.P.B. foi uma chama inabalável na qual todos os nossos teósofos acenderam suas tochas, um exemplo que agitava a circulação lenta do sangue como o som de uma trombeta de guerra.

> Terminado está teu trabalho atual, *Lanoo*.
>
> Encontrar-nos-emos outra vez. Desfruta de tua recompensa.

H. S. Olcott
Membro da Sociedade Teosófica

---

53 *Prārabdha* (sânscrito) — começado, empreendido. *Glossário Teosófico*, 3ª edição, Editora Ground. (Nota Ed. Bras.)

27

O que H. P. B. fez por mim

Minha primeira apresentação à H.P.B. ocorreu numa importante reunião da Loja de Londres da S.T., nos aposentos do Sr. Hood no Lincoln's Inn, onde ela de repente e inesperadamente apareceu tendo chegado após anúncio de curta antecedência de Paris, em obediência àquela voz cujos comandos eram sempre sua lei absoluta. Desde o momento em que olhei pela primeira vez em seus olhos, surgiu dentro de mim um sentimento de perfeita segurança e confiança, como em um amigo antigo e muito testado, que nunca mudou ou enfraqueceu, mas ficou mais forte, mais vívido e mais imperioso à medida que uma associação próxima me ensinou a conhecer melhor o exterior de H. P. Blavatsky. Não que eu pudesse sempre entender seus motivos e ações; pelo contrário, muitas noites foram passadas a ponderar, ansiosamente, à procura de uma pista — que não pôde ser encontrada. Mas por mais intrigado, eu nunca conseguia olhar nos olhos dela sem ter certeza de que "estava tudo bem de alguma forma", e repetidamente o sentimento era justificado — muitas vezes por meses ou até anos depois — quando a virada de alguma esquina no caminho de meu próprio crescimento interno possibilitava uma visão nova e mais ampliada do passado e tornava o seu significado tão claro e óbvio que instintivamente surgia, no coração, o pensamento: "Que bendito tolo devo ser para não ter visto isso há séculos".

H.P.B., no entanto, era muito lenta para interferir na vida de alguém, para aconselhar ou mesmo lançar luz sobre o novelo emaranhado — pelo menos em palavras. Quando nos conhecemos, eu estava à beira de duas estradas de vida muito diferentes; repetidamente pedi-lhe orientação e direção; bem sabia ela que qualquer palavra que falasse seria seguida alegremente, ansiosamente. Mas nem um conselho pude extrair, embora ela estivesse familiarizada em detalhes com todos os fatos. Vendo, finalmente, que eu não tinha direito algum de impor ao outro a responsabilidade por minha própria vida — a primeira lição que ela um dia me ensinou —, decidi adotar o curso que o dever para com os outros parecia indicar. Tudo foi resolvido, toda preparação feita, baús e caixas embaladas para a partida a um novo estilo de vida. Estava prestes a me despedir à meia-noite; ela me deteve com as palavras: "Se você fizer isto e assim (ou seja, seguir o curso que eu havia decidido), as consequências serão estas" (ou seja, desastrosas para mim e para os outros). Nos separamos; de manhã decidi agir de acordo com o aviso dela; fiz isso, o que mudou todo o curso da minha vida, e permaneço hoje na minha posição atual. Olhando para trás, ao longo dos anos, desde quando ela proferiu aquelas poucas palavras, vejo claramente que seu aviso teria cumprido a certeza do destino, não tivesse eu prestado atenção à sua voz; e embora, desde então, minha dívida de gratidão por sua mão orientadora e salvadora tenha crescido como uma avalanche de montanha, vejo aqueles poucos minutos no passado como, talvez, os mais decisivos da minha vida.

Mas a dívida para com H.P.B. nesta e em outras semelhantes pontuações é pequena, em comparação a outros itens da extensa conta que até os fiéis e dedicados serviços de muitas vidas não poderão saldar.

Nascido com o espírito cético e científico do fim do século XIX, embora criado no sentido mais verdadeiro da religiosidade, o pensamento e o estudo logo dissolveram todo vestígio de fé em algo que não podia ser provado, especialmente fé em qualquer futuro, como é ensinado por credos e igrejas. Entrando na vida sem um guia mais seguro do que a "moral constitucional" inata, ensinada a quase todo filho nascido de pais como os meus; com uma admiração sentimental pelo altruísmo, extraída do exemplo e do carinho do lar, cuja lógica implacável de um materialismo sem esperança estava lentamente corroendo; qual teria sido o resultado provável? Certamente uma gradual descida ao total egoísmo e autoabsorção. Desse destino, H.P.B., em razão do seu ensino, de sua demonstração experimental, sobretudo devido à força de sua vida cotidiana, salvou-me como ela salvou muitos outros. Antes que eu a conhecesse — ao menos para mim — a vida não apresentava ideal algum pelo qual lutar — já que o derradeiro espaço vazio, que o materialismo *deve* apontar como o resultado final do processo mundial, congelava cada emoção ou esforço generoso, com o pensamento de sua perfeita inutilidade; não havendo motivo para lutar pelo difícil, pelo remoto, já que a morte, a devoradora de tudo, reduziria o fio da vida, bem antes que a meta fosse alcançada, e mesmo a débil esperança de beneficiar gerações ainda por virem, mergulhava em cinzas diante da contemplação da insana e idiota falta de propósito de toda a luta.

Dessa paralisia enervante, que esmaga toda a real vida interior e contamina cada hora do dia, H.P.B. livrou a mim e aos outros. Não lhe devemos mais que a vida?

Mais ainda. Todo homem que pensa ou sente, vê-se cercado de todos os lados por terríveis problemas, esfinges com ameaças de devorar a própria raça, a menos que seus enigmas sejam resolvidos. Vemos os esforços mais bem-intencionados prejudicarem, ao invés de promoverem o bem; a mera escuridão nos fecha em nós mesmos; onde procuraremos luz? H.P.B. nos apontou a estrela ainda fraca que brilha no caminho do tempo, ensinou àqueles que queriam buscar dentro de si o raio, indicou a estrada a ser percorrida, mostrou seus sinais e perigos, fez-nos perceber que aquele que persevera e resiste no esforço do esquecimento de si mesmo para ajudar a humanidade a manter em suas mãos a pista para os labirintos emaranhados da vida, vê seu coração e sua mente crescerem cheios da sabedoria que nasce do amor e do conhecimento, purificada de toda mancha do ego.

Isso H.P.B. fez com que muitos *percebessem*; ela não merece toda a nossa devoção?

Como posso escrever sobre minhas próprias relações pessoais ou sentimentos em relação à H.P.B.? Com ela em Paris;

constantemente vendo-a na residência dos Arundales em Londres; na morada dos Gebhard, em Elberfeld; novamente em Londres, antes de sua partida para a Índia no outono de 1884; retomei o assunto em Ostende em 1887. A partir de então, trabalhando diariamente e a cada hora ao lado dela, esforçando-me para ajudar, embora debilmente, o seu nobre trabalho, eu a deixei apenas quando de sua ordem expressa para fazer algum "serviço exterior"; pois ela nunca teve afeição ou sentimentos pessoais que pesassem uma palha na balança, quando se tratava do bem pela Causa.

Escrevendo agora, depois de tantos terem falado sobre ela, resta pouco sobre a superfície para o meu registro, e não posso expressar nada do sentimento da consciência que jazem abaixo. Ninguém, a não ser seu igual, jamais poderia apresentar uma imagem real de nossa líder, seja como amiga amorosa, como sábia mestra, como mais que uma mãe para todos nós; severa e inflexível quando necessário; nunca hesitando em infligir dor ou usar o bisturi do cirurgião, quando o bem pudesse ser feito; perspicaz, infalível para detectar fraquezas ocultas e revelá-las à vista de seus pupilos — não por palavras, mas quase que de forma tangível; forçando pelo exemplo diário e de cada hora, aquele a quem ela amava, a alçar ao nível de seu próprio elevado padrão de dever e devoção à Verdade; H.P.B. sempre ocupará um lugar ímpar em nossos corações e mentes, um lugar sempre preenchido com o ideal de vida e dever humano que encontrou expressão em suas próprias ações.

Uma característica marcante de sua vida, tanto em seu todo quanto em detalhes, foi uma maravilhosa singularidade de coração e propósito. Ela era, acima de tudo, a Serva da Humanidade; ninguém a procurou com um pedido sincero e honesto de ajuda que não fosse atendido; nenhum inimigo, ninguém que a tivesse machucado mais cruel e arbitrariamente nunca chegou a ela em necessidade e foi rejeitado. Ela tiraria a roupa do corpo, o pão da boca, para ajudar ao pior e mais malicioso de seus inimigos que estivesse em angústia ou sofrimento. Tivessem os Coulombs surgido em Londres entre 1887 e 1891 em angústia e miséria, ela os teria acolhido, vestido e alimentado. Perdoá-los, ela não precisava, já que tudo que se aproximasse do ódio ou da lembrança de danos pessoais estava tão longe de sua natureza quanto Sirius está da Terra.

Assim, ela carregou o seu pesado fardo, o *Karma* da S.T. e de todos os seus membros, bom e ruim, com problemas de saúde, dor física, exaustão total do cérebro e do corpo, trabalhando dia e noite pela Causa à qual dedicou sua vida. Não se vê com frequência uma cena como essa e, mais raramente ainda, que possa ser imitada. Poucos, apenas aqueles que o apreciaram, perceberam quão grande foi o privilégio de associação com ela em seu trabalho; para mim, constitui esse o maior dos benefícios, e merecer sua retomada em algum momento futuro será o objetivo do meu porvir. Mais profundamente, sinto quão pouco lucrei com a grande oportunidade, em comparação com o que poderia ter sido ganho, em poder e conhecimento, para servir à humanidade; mas cada um de nós pode assimilar apenas de acordo com sua preparação, e as lições que podemos aprender dependem de nossa própria aptidão, não do favor de nossa professora. Portanto, vamos nos esforçar incessantemente para estarmos mais bem preparados para quando o próximo professor vier a estar entre nós.

Muitos são os tributos de gratidão, amor e devoção que a partida de H.P.B. evocou. Em razão das circunstâncias, o meu passa a estar entre os últimos e mais breves; mas é em ações, não em palavras, que sua vida deve florescer e dar frutos em seus alunos. Ela nos deixou a responsabilidade de "manter o elo intacto", de entregar aos outros a ajuda que ela nos deu tão livremente. Vamos nos levantar e sermos Irmãos, pois o tempo é curto, a tarefa enorme, e o monumento mais nobre à nossa Mestra será o crescimento e a propagação da luz que ela trouxe para o mundo.

Bertram Keightley
Membro da Sociedade Teosófica

28

H. P. B.

(Lido na Convenção da Seção Europeia da S.T., pelo delegado espanhol.[54]*)*

A Fundadora da Sociedade Teosófica; a iniciada na sabedoria divina; a mulher nobre, que com incomparável sacrifício e coragem desistiu de sua posição, de sua fortuna, de seu conforto e até do seu país, em seu amor pela humanidade, por uma questão de difundir a Verdade Eterna — está morta. A Sociedade Teosófica, que lamenta essa perda irreparável, acaba de receber um golpe terrível, e não está ao meu alcance avaliar, neste momento, as consequências causadas pela morte de sua Mestra na Sociedade.

Meu desejo é mais modesto. Desejo apenas falar dos elos que me uniram à H.P.B., e da poderosa influência que sua individualidade de alma elevada exerceu sobre mim, sobre meu método de

54 Este texto foi traduzido do original em espanhol. (Nota do tradutor)

pensamento, sentimento e também sobre meus pontos de vista sobre questões morais, intelectuais e materiais — de fato, em toda a minha vida. Lamento, realmente, ser obrigado a escrever sob um ponto de vista pessoal, mas acho que, talvez, uma análise da minha atual condição moral possa ser útil e análoga à de muitos dos meus irmãos aqui presentes que, como eu, foram honrados em conhecer pessoalmente H.P.B. Eu terei, de algum modo, uma grande vantagem: ou seja, minhas palavras e experiências são baseadas em conhecimento, e não em boato, e quando consideramos a moral e até questões espirituais, creio que existe apenas um critério seguro — experiência pessoal. No notável artigo publicado em 15 de junho, na *Review of Reviews*, o Sr. A. P. Sinnett bem se expressa: "Ela dominou todas as situações onde foi colocada, e teve de ser muito amada ou odiada por aqueles com quem entrou em contato. Nunca poderia ser um alvo de indiferença."

Ora, em minha opinião, essa afirmação está muito correta e não tenho dúvidas de que meus irmãos aqui presentes concordarão comigo. Quando cheguei a Londres pela primeira vez com o único objetivo de encontrar e conhecer H.P.B., cujos dons haviam causado profunda impressão em mim, percebi que conheceria a pessoa mais notável dessa época: notável tanto pela profundidade de seu conhecimento quanto por sua vasta sabedoria. Não se tratava de mera curiosidade, mas de um sentimento de atração todo-poderoso que me atraiu para ela, um sentimento *sui generis,* que só pode ser explicado de forma oculta. A realidade se apresentava além da minha maior expectativa; senti que o olhar de H.P.B. havia penetrado e destruído a personalidade que eu tinha naquele momento: um processo, novo, estranho, inexplicável, mas o mais real, eficaz e inegável foi realizado no recesso mais íntimo da minha natureza moral e espiritual. A transformação ocorreu, e a partir desse momento a antiga personalidade, com suas ideias, tendências e preconceitos mais ou menos arraigados, desapareceu. Não tentarei explicar esse fato aparentemente surpreendente, que, como todos os outros, baseia-se na grande lei do *karma*; mas nunca será apagado da minha memória. Toda vez que eu via H.P.B., meu carinho, lealdade e admiração por ela aumentavam. A ela devo tudo o que sei, tanto a tranquilidade mental quanto o equilíbrio moral alcançados ao conhecê-la. Ela me deu esperança para o futuro; ela me inspirou com seus próprios princípios nobres e dedicados, e transformou minha existência cotidiana, sustentando a realização de um alto ideal de vida; o ideal sendo o principal objetivo da Sociedade Teosófica, ou seja, trabalhar pelo bem e pelo bem-estar da humanidade.

Sua morte foi um amargo pesar para mim, como para todos aqueles que trabalham para a *causa comum*, a Teosofia, e que, conhecendo-a pessoalmente, contraíram uma dívida de eterna gratidão para com ela.

Perdi minha amiga e professora, que purificou minha vida, que me devolveu minha fé na humanidade, e em seu admirável exemplo de coragem, autossacrifício, desinteresse e virtude, encontrarei a força e a coragem necessária para trabalhar por essa Causa que todos devemos defender.

Que sua memória seja abençoada!

Estas, queridos irmãos e amigos, são as poucas palavras que gostaria de lhes dizer, desejando imensamente declarar diante de todos que jamais esquecerei o que devo à H. P. Blavatsky.

Que inimigos e materialistas expliquem, se puderem, o poder e a atração de H.P.B., e, caso não possam fazê-lo, que permaneçam em silêncio.

A árvore será conhecida por seus frutos, assim como as ações serão julgadas e valorizadas pelos seus resultados.

José Xifré
Membro da Sociedade Teosófica

29

A imprensa

Durante o último mês, fomos simplesmente inundados com recortes de jornais.

Mais de quinhentos foram recebidos somente da Grã-Bretanha; de fato, toda a imprensa do país tem algo a dizer sobre H.P.B. e a Teosofia. A maioria dos recortes mostra-se favorável e muitos jornais reproduzem a vida de H.P.B. a partir de *Homens e Mulheres da Época.* Alguns eram elogiosos e outros tinham o mau gosto de difamar os mortos, amontoando sobre ela as imputações mais chocantes. Em relação a esses, o seguinte protesto foi redigido e publicado em número significativo de jornais:

> Nós, os membros abaixo assinados da Sociedade Teosófica, que conhecemos intimamente a falecida H. P. Blavatsky, lemos com surpresa e repulsa as extraordinárias e infundadas falsidades relativas à sua vida e caráter moral, que circularam em parte da imprensa.

Não nos propomos a tentar qualquer resposta em detalhes a difamações tão monstruosas quanto desprezíveis, difamatórias, que lidam, além do mais, com supostos eventos ocorridos em partes distantes do mundo, sem que nenhuma evidência tenha sido apresentada para substanciar as alegações. É correto, mesmo para manchar a memória de uma mulher morta, ignorar o estado de direito comum de que o ônus da prova cabe ao acusador? Qual caráter poderá estar seguro, se qualquer difamação não substanciada por evidências for tomada como prova de fato? Contentamo-nos em apostar nossa honra e reputação na declaração de que seu caráter era de um tipo excepcionalmente puro e elevado, que sua vida era imaculada e sua integridade impecável. Por termos ciência disso tínhamos, e sempre teremos, orgulho em seguir suas orientações, e desejamos registrar publicamente o fato de que devemos a ela as mais nobres inspirações de nossas vidas.

No que diz respeito à curiosa ideia de que a morte de Madame Blavatsky deu origem a qualquer disputa pelo 'lugar vago' que deixou, permita-nos dizer que a organização da Sociedade Teosófica permanece inalterada em razão de sua morte. Em conjunto com o coronel H. S. Olcott, presidente da Sociedade, e o Sr.William Q. Judge, um proeminente advogado de Nova Iorque, vice-presidente e líder do movimento nos E.U.A., Madame Blavatsky foi a fundadora da Sociedade Teosófica, e essa é uma posição que não pode ser alterada nem por um *coup d'état [golpe de estado]* nem por outros meios. Madame Blavatsky era Secretária Correspondente da Sociedade, um cargo puramente honorário que, segundo o regulamento, é desnecessário preencher em razão de sua morte. Nos últimos seis meses, em consequência do crescimento da Sociedade, ela exerceu temporariamente a autoridade presidencial na Europa, por delegação do coronel Olcott, a fim de facilitar a transação de negócios, e com a morte dela a delegação se torna naturalmente vazia.

Sua grande posição no movimento foi devido ao seu conhecimento, à sua capacidade, à sua lealdade inabalável, não à manutenção do cargo; e a organização externa permanece praticamente intocada. Sua função especial era a de mestra, e quem venha a ocupar seu lugar deve ter o conhecimento dela.

(Assinado) "Annie Besant
"C. Carter Blake, Doc. Sci.
"Herbert Burrows.
"Laura M. Cooper.
"Isabel Cooper — Oakley.
"Archibald Keightley, M.B. (*Cantab.*)
"G. R. S. Mead, B.A. (*Cantab.*), *Sec. Seção Europeia S.T.*
"Walter R. Old, *Sec. Seção Britânica S.T.*
"Constance, Condessa Wachtmeister.
"W. Wynn Westcott, M.B. *(Lond.)*"

Londres, 19 de maio de 1891.

No geral, os jornalistas demonstraram desejo de jogar limpo; de fato, um periódico de destaque, que havia dedicado várias colunas em duas edições sucessivas para dar novo arranjo à opinião pessoal que tornou o Sr. Hodgson tão notório, foi tolamente endossado por uma sociedade instruída (talvez para animar seus outros relatos, que teriam sido extremamente monótonos), enviou um representante para visitar a Loja Blavatsky, e nos brindou com excelente nota em uma de suas colunas.

Também recebemos muitos recortes de jornais dos E.U.A., da Índia e do continente europeu, e temos de nos reportar a eles, como fizemos acima. Deve-se salientar que a imprensa de todos esses países, talvez possamos dizer do mundo, não se satisfez em publicar algumas linhas em nota ou comentário. Muitos dos principais jornais dedicaram editoriais ao assunto, e alguns contêm artigos extensos com várias colunas. No geral, o mundo imagina que os membros da S.T. são místicos de cabelos compridos ou imbecis crédulos; gostaríamos de saber como eles irão reagir quando descobrirem que somos, de alguma forma, pessoas empreendedoras, apenas um pouco mais sérias que a maioria!

Annie Besant e outros